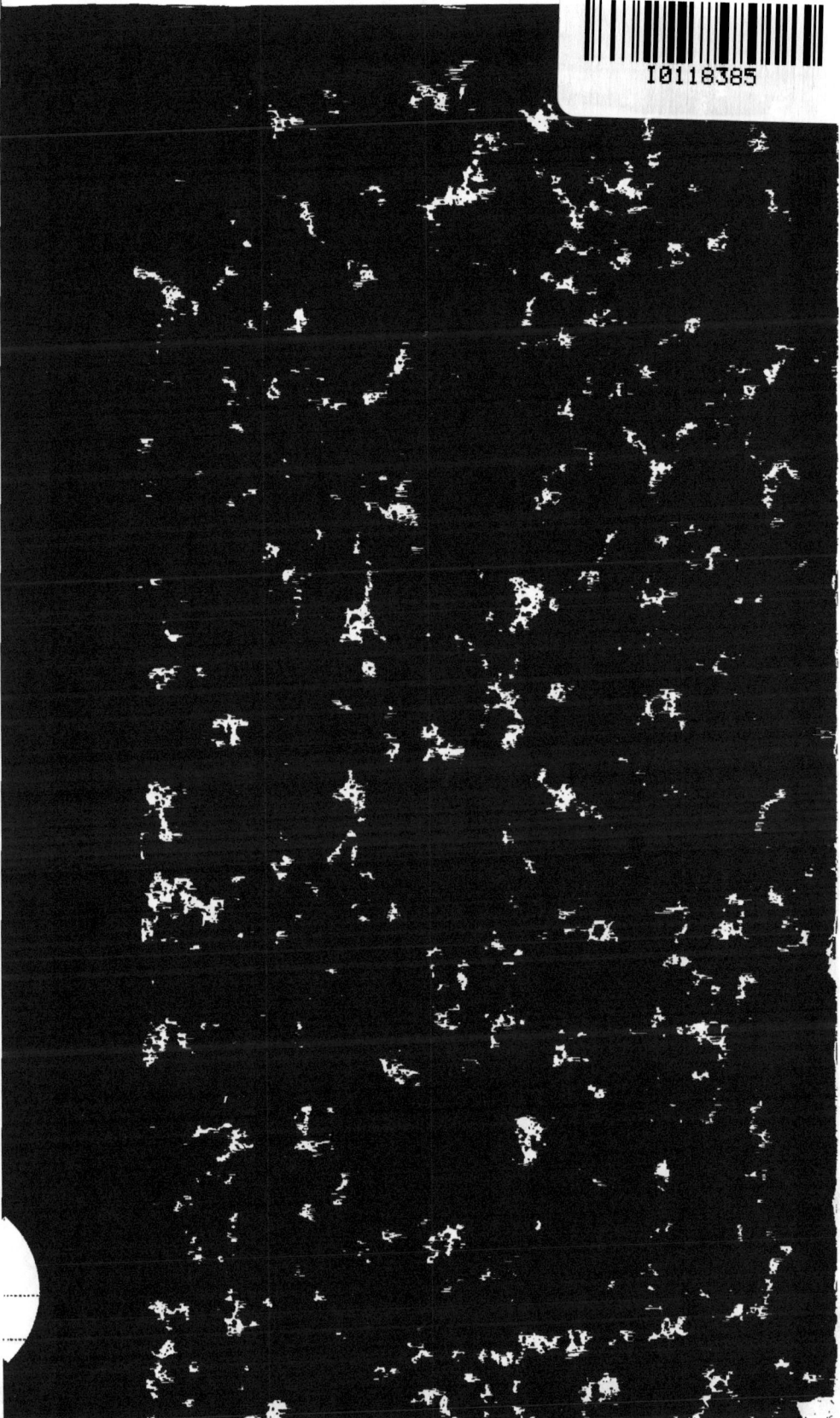

AMBULANCE DU MIDI

CONSIDÉRATIONS GÉNÉRALES

SUR LES AMBULANCES

EXTRAIT DU MONTPELLIER MÉDICAL.

RAPPORT SUR LA CAMPAGNE

DE

L'AMBULANCE DU MIDI

(MARSEILLE-MONTPELLIER)

SUIVI DE

Considérations générales sur les Ambulances militaires et volontaires

et

D'OBSERVATIONS MÉDICO-CHIRURGICALES RECUEILLIES PENDANT LA CAMPAGNE

PAR

Le Dr A. SABATIER

Ex-Chirurgien en Chef de l'Ambulance du Midi

Professeur-Agrégé et ex-Chef des Travaux anatomiques de la Faculté de médecine
de Montpellier; Membre de l'Académie des Sciences et Lettres de la même
ville; Lauréat et Membre correspondant de la Société anatomique de Paris.

———◇◇◇※◇◇◇———

MONTPELLIER

BOEHM ET FILS, IMPRIMEURS DE L'ACADÉMIE

Éditeurs d'1 MONTPELLIER MÉDICAL.

1871

AVANT-PROPOS

Cette courte publication se compose de trois parties :

La première comprend le rapport sur la Campagne de l'Ambulance du Midi, rapport que je devais, comme chirurgien en chef, aux Comités de Marseille et de Montpellier, qui avaient coopéré à la création et à l'entretien de l'Ambulance.

La deuxième partie, consacrée à des considérations générales sur les Ambulances, est une appréciation des services rendus par les Ambulances volontaires, aussi bien que des lacunes qu'elles présentent et des réformes qu'il serait urgent d'établir dans leur organisation.

Dans la troisième partie, j'ai consigné les observations médico-chirurgicales qu'il m'a été possible de recueillir pendant notre campagne de quatre mois. J'aurais voulu apporter dans la composition de cette portion de mon travail plus de précision et donner des chiffres et des statistiques qui auraient pu présenter quelque intérêt.

Les documents écrits, qui m'étaient indispensables pour cela, et à la bonne confection desquels j'avais veillé autant que me l'ont permis les rudes travaux de notre campagne, sont restés à Marseille, et n'ont pu m'être envoyés à Montpellier pour des motifs que j'aime mieux taire.

Malgré les imperfections de ce court travail, je demande à mes Compagnons la permission de le leur dédier, et je les prie de le considérer comme un témoignage des souvenirs précieux qu'ils m'ont laissés.

Montpellier, le 22 août 1871.

A. Sabatier.

RAPPORT

sur

LES TRAVAUX DE L'AMBULANCE DU MIDI

(MARSEILLE-MONTPELLIER)

Appelé, comme chirurgien en chef de l'Ambulance du Midi, à faire un rapport sur ses travaux, je dois surtout m'attacher à mettre en saillie les faits chirurgicaux intéressants, et à signaler tout ce qui peut donner lieu à des réflexions utiles sur l'organisation des ambulances volontaires et sur leurs rapports avec les divers corps, soit administratifs, soit militaires, auxquels elles se trouvent nécessairement mêlées.

L'Ambulance du Midi a été créée par l'association des efforts des Comités de Marseille et de Montpellier. Chacun des deux Comités avait eu la pensée de fonder une ambulance volontaire. Le Comité de Montpellier, désireux de faire représenter sur les champs de bataille la métropole médicale du Midi, s'était adressé, dans le commencement du mois de septembre, au Comité central de Paris, pour obtenir de lui des instructions, et des fonds qui pussent être ajoutés à ceux qui lui restaient en caisse après des envois considérales au Comité central Aucune réponse n'étant arrivée, et le blocus de la capitale ayant interrompu toute communication avec la Province, le Comité montpelliérain aurait peut-être, quoique à très-grand regret, renoncé à la création d'une ambulance volontaire, quand arrivèrent plusieurs docteurs de Marseille, élèves, pour la plupart, de la Faculté de Montpellier et qui, désireux de fonder une Ambulance du Midi, et membres du Comité marseillais de la Société de secours aux blessés, venaient demander à la Faculté un chirurgien en chef et un certain nombre de chirurgiens majors. De plus dignes ayant refusé de prendre comme chirurgien en chef la direction de l'Ambulance, je cédai aux encouragements de MM. les délégués du Comité marseillais et de quelques amis de Montpellier qui se décidaient à me suivre dans cette difficile campagne, et j'acceptai le rôle périlleux qui m'était offert.

Je ne m'en dissimulai point tous les écueils; mais j'avais pour me soutenir la satisfaction de voir la Faculté de médecine de Montpellier représentée par plusieurs de ses membres, anciens ou actuels, dans le service actif des ambulances volontaires. Il fut convenu en effet que la Faculté de Montpellier fournirait une partie importante du personnel médical de l'ambulance ; que, de plus, le Comité montpelliérain participerait pour une somme de 10,000 francs à sa création, qu'il entrerait pour sa part dans les dépenses ultérieures, et que l'ambulance porterait le nom d'Ambulance du Midi (Marseille-Montpellier).

Dans plusieurs réunions successives, tenues à Marseille, des dispositions furent prises pour régler l'organisation de l'ambulance, pour fixer le nombre et le traitement de ses membres, pour élaborer un règlement et déterminer le rôle de chacun.

C'est ainsi que, sur la proposition du chirurgien en chef, non-seulement le prix de l'entrée en campagne des membres de l'ambulance fut considérablement réduit, mais il fut encore décidé que les fonctions de chirurgien en chef, de major, de pharmacien en chef seraient entièrement gratuites, et que les aides et sous-aides ne recevraient que 30 francs par mois au lieu de 150 qui leur avaient été d'abord alloués, et que le traitement mensuel des infirmiers serait fixé à 40 francs. Il fut ainsi compris que dans une œuvre dont le budget était constitué par la charité, les traitements devaient être en raison inverse de la dignité.

Pour mettre de l'ordre dans ce Rapport, je ferai dans la première partie le récit des travaux et des vicissitudes de l'ambulance, et je consacrerai la seconde partie à l'examen et à la discussion des questions chirurgicales et autres qui nous sembleront présenter de l'intérêt.

Le personnel de l'Ambulance, qui partit le 29 octobre de Marseille pour le théâtre de la guerre, était composé de la façon suivante :

CORPS MÉDICAL.

Chirurgien en chef. — Le Dr SABATIER, professeur-agrégé et ex-chef des travaux anatomiques de la Faculté de médecine de Montpellier.

Majors. — Le Dr MÉNECIER (de Marseille) ; le Dr LEENHARDT, chef de clinique chirurgicale de la Faculté de Montpellier ; le Dr COURT (de Marseille).

Premier pharmacien en chef. — Le Dr PLANCHON, professeur à à l'École Supérieure de pharmacie de Paris, ancien agrégé de la Faculté de Montpellier.

Second pharmacien en chef. — M. PROTAT.

Aides-majors. — Chef : M. PIZOT, prosecteur de la Faculté de Montpellier.

MM. BOUILLAN, HERAIL, DE LA JAVIE, LASSALE, MEFFRE, MONNOYER, PAILLÈRES, SALLES, SÈVE.

Sous-aides-majors. — Chef : M. BÉCHAMP, préparateur de chimie de la Faculté de Montpellier.

MM. AUBE, BARTHÉLEMY, ESPANET, GAZAN, GIRARD, HUGUES, LAFLOUX, MERCIER, PETIT.

ADMINISTRATION.

Administrateur. — Le Dr OLIVE (de Marseille), président du Comité Marseillais.

Comptables. — MM. RICHARD, GUIEN (Auguste), COULAN.

AUMONIERS.

Catholique : le P. ASTIER. — Protestant : le Pasteur CADIOT.

INFIRMIERS.

Chef : M. ARGELIEZ, père.

MM. ARGELIEZ fils, BARDÈCHE, CARNARD, FÈGE, ISSAUTIER, MANGIN, MATTHIEU, PASCAL, SAUNIER, VILLEPRANT.

En tout quarante-trois personnes, qui constituèrent, dès le début, l'Ambulance volante qui se dirigea le 29 vers Lyon. Je dois ajouter, pour être entièrement exact, que sur la liste primitive figuraient encore quelques noms de Docteurs, dont le départ n'avait pas de date fixe, et qui se proposaient de venir nous rejoindre, dans un avenir plus ou moins éloigné. C'étaient MM. les Dr Maurin et Peyron (de Marseille), dont le premier est venu à Bellegarde (Loiret) pour notre ravitaillement et a passé six jours auprès de nous, et dont le second, venu à Neufchâtel dans le même but, a prêté pendant quelques jours son concours à la section de l'Ambulance qui s'était établie dans cette ville.

Je dois encore ajouter que le personnel ainsi constitué a subi d'assez nombreuses fluctuations, par suite du départ d'un certain nombre de membres, et par l'acquisition de nouveaux collègues recrutés pendant la durée de la campagne. C'est ainsi que, soit la maladie, soit la fatigue, soit des raisons de famille, ou même d'autres causes ont rendu à leurs foyers quatorze membres, dont douze Marseillais et deux Montpelliérains. Parmi eux s'est trouvé notre cher administrateur M. Olive, qui, sérieusement fatigué, dix jours après le départ de l'Ambulance, a dû nous quitter, à notre grand regret, avant le début de la campagne active. Rentré auprès des siens, il y a subi une longue et grave maladie, et est resté jusqu'à la fin à Marseille, où il a rendu, dans les Ambulances locales, des services considérables que le rapport du Comité Marseillais ne saurait négliger de nous faire connaître. Pendant le séjour récent de l'une des sections de l'Ambulance à Neufchâtel, M. Olive est venu la ravitailler fort à propos. Mais son éloignement forcé de l'Ambulance a été doublement regrettable, en ce qu'il nous a privés d'un bon collègue et en ce qu'il a laissé sans représentant supérieur la partie administrative de l'Ambulance, dont j'ai dû prendre une large part, en même temps que je priais mes collègues MM. Ménecier, Leenhardt, Planchon, Protat et Cadiot de se charger d'une partie de cette lourde tâche. Je ne saurais trop reconnaître ici le bon vouloir et le zèle avec lesquels chacun d'eux, se chargeant de certaines attributions déterminées, a pris ainsi sa part de responsabilité dans notre administration.

Après la campagne de Beaune la Rolande, c'est-à-dire vers le 2 ou 3 décembre, le Dr Court sérieusement indisposé dut également se séparer de l'Ambulance.

Le personnel Montpelliérain a eu aussi ses pertes, dont l'une est malheureusement de celles qui se qualifient d'irréparables. M. La Salle, jeune étudiant distingué de la Faculté de Montpellier, aide-major de l'Ambulance, est mort à Fontaine-les-Châlons, victime de son dévouement pour les varioleux de notre armée de la Loire alors en marche vers l'Est. Sa mort a été un deuil profond pour les membres de l'Ambulance, qui avaient tous apprécié sa nature droite et sûre, et son zèle infatigable. Un autre étudiant de Montpellier, M. Delphy, s'étant fracturé l'avant-bras, a dû rentrer dans sa famille pendant notre campagne de l'Est.

L'éloignement volontaire ou forcé de quelques membres de l'Ambulance a du reste été compensé par des acquisitions successives dues, soit à des circonstances fortuites, soit à la nécessité de recruter quelques aides. Parmi ces acquisitions je me réjouis de signaler comme la plus heureuse celle du Dr Jules de Seynes, professeur-agrégé de la Faculté de médecine de Paris, notre ancien condisciple et ami de Montpellier. Séparé par les circonstances de l'Ambulance de Paris, dont il faisait d'abord partie, M. de Seynes nous a fait le plaisir de se joindre à nous pendant notre campagne de l'Est. Il était des nôtres à Villersexel et à l'Isle sur le Doubs, où nous eussions bien voulu le garder jusqu'à la fin, si des raisons de santé ne l'avaient forcé au départ.

L'Ambulance s'est en outre associé comme aides M. le comte de Gommegnies à Fontaine, MM. Delphy, Folz, Guien aîné, et Chérouvrier à Bellegarde, et comme infirmiers ou cochers, MM. Hilaire et Louis à Gien.

Les ressources matérielles de l'Ambulance étaient de 35 000 francs, dont 23 000 francs fournis par Marseille et 12 000 francs par Montpellier. Des dons successifs, provenant des deux Comités, ont porté le chiffre total à quarante mille francs environ. Notre matériel se composait, au départ, de deux fourgons auxquels nous en avons sucessivement ajouté trois autres.

Des provisions suffisantes de matières alimentaires, de linges et d'appareils, d'instruments et de substances pharmaceutiques, nous avaient été fournies par les deux Comités fondateurs.

L'Ambulance partit de Marseille le 29 octobre à 4 heures du soir, au milieu d'un concours considérable de spectateurs qui tenaient à lui témoigner leur sympathie pour l'œuvre qu'elle allait accomplir. M. Charles de Billy, délégué régional de la Société Internationale à Montpellier, et qui avait pris à la formation de l'Ambulance une part si active, s'était rendu à Marseille, soit pour mettre la dernière main à notre organisation, soit pour présider à notre départ.

Partis de Marseille le 29 au soir, nous nous trouvâmes à Lyon, quand se répandit la douloureuse nouvelle de la reddition de Metz. Ayant appris qu'un très-grand nombre de malades et de blessés se trouvaient dans cette ville depuis longtemps privés des ressources nécessaires, nous cédâmes au désir de nous rendre immédiatement utiles, et le 31 nous envoyâmes de Lyon une dépêche télégraphique à l'Agence internationale de Bâle, la priant d'offrir nos services aux autorités militaires prussiennes pour soigner nos soldats malades. Nous reçûmes seulement quinze jours après, à Chagny, la réponse suivante :

« Dès la réception de votre dépêche du 31 octobre, nous avons »transmis votre offre aux autorités allemandes, à Metz ; mais »nous n'avons malheureusement point reçu de réponse à l'heure »qu'il est. Nous devons du reste ajouter que, d'après des cas »précédents analogues, nous n'avions que peu d'espoir de succès »pour votre démarche.

» *Pour l'Agence,*

»A. KRAGERE-FOERSTER. »

Quand cette réponse tardive nous parvint, nous avions déjà pris une nouvelle détermination, et nous étions établis à Fontaine-les-Châlons, près de Chagny (Saône-et-Loire), où s'opérait une concentration de troupes françaises à la suite de la prise de Dijon par les Prussiens. Usant de l'hospitalité tout exceptionnelle de M. Berthod et des habitants de Fontaine en général, l'Ambulance y séjourna depuis le 2 novembre jusqu'au 17, c'est-à-dire quinze jours d'une inaction un peu longue. Dans l'attente d'événements militaires possibles, nous disposâmes convenablement des locaux d'ambulance, et je tâchai de rendre nos loisirs profitables à nos aides et à nos infirmiers en leur faisant quelques conférences sur les moyens d'arrêter les hémorrhagies, sur les pansements et le rôle des aides dans les grandes opérations.

Pensant que, pour être utile le plus possible, une ambulance avait besoin d'avoir avec les autorités militaires des liens qui, en lui imposant des obligations, lui conféreraient aussi des droits, je me mis en relation avec le général Crouzat. commandant le 20me corps, et avec le général Ségard, placé à la tête de la 3me division. Cette division était dépourvue d'ambulance militaire : il fut convenu que l'Ambulance du Midi lui serait désormais officiellement attachée. Avec elle, nous suivîmes la marche rapide de l'armée de Chagny à Gien, où nous arrivâmes le 20 novembre et d'où nous partîmes le 22, pour nous rendre à Bellegarde (Loiret). Nous y arrivâmes le 24, pendant qu'une partie du 20me corps était engagée avec les troupes prussiennes qui avaient pris possession du village de Ladon, situé à 10 kilomètres de Bellegarde. L'intendance nous attendait avec une grande impatience, car les secours chirurgicaux militaires manquaient presque complètement, et les blessés arrivaient à Bellegarde en nombre assez considérable. Nous préparâmes immédiatement des locaux, et avec quelques membres de l'Ambulance nous nous rendîmes sur le lieu du combat, d'où nous ramenâmes un certain nombre de blessés. Ayant appris le lendemain au soir que les Prussiens avaient évacué le village de Ladon, quelques-uns d'entre nous s'y rendirent par une nuit noire et pluvieuse avec trois omnibus, pour y chercher des blessés. Avec MM. Leenhardt, Planchon et Cadiot, qui m'accompagnaient, nous trouvâmes, en effet, de nombreuses victimes dans les salles de l'école, dans les cafés, chez les particuliers. Presque tous étaient

gravement atteints, et un petit nombre seulement étaient susceptibles d'être transportés sans une opération préalable. La majorité des blessés appartenaient aux Prussiens. Nous pansâmes ceux
qui en avaient besoin. A ceux qui souffraient beaucoup, des potions laudanisées furent données. Ceux qui pouvaient supporter le
voyage furent mis dans nos omnibus. Rentrés à Bellegarde à
deux heures du matin, nous en repartîmes à neuf heures, pour
retourner à Ladon prendre de nouveaux blessés et y faire quelques opérations urgentes.

Le général Ségard m'ayant prévenu le soir même de ce jour
qu'un engagement meurtrier avait eu lieu à 5 kilomètres au-
delà de Ladon, j'envoyai quelques fourgons avec une escouade de
sept membres de l'Ambulance, ayant à leur tête deux majors,
MM. Ménecier et Court. Mais l'obscurité profonde et la difficulté
de cheminer de nuit sur des routes coupées et détériorées, ne leur
permirent pas d'arriver jusqu'au but.

Enfin, le 28 novembre, s'engagea la bataille de Beaune la
Rolande, qui nous fournit bien plus de blessés que les engagements précédents.

Dès midi, une partie nombreuse de l'Ambulance, avec toutes
nos voitures, se dirigea vers Beaune pour suivre de près l'action
et pour y panser et recueillir des blessés. Pendant ce temps,
nous multipliions, à Bellegarde, les locaux d'ambulance, nous
disposions des lits, des paillasses, des matelas, de la paille, soit
dans les salles de l'école, soit dans le château de M. Galopin,
soit dans les maisons particulières qui avaient été mises à notre
disposition, soit enfin dans l'église et le château de Quiers, petit
village situé à 1 kilomètre de Bellegarde, dans la direction de
Beaune.

Une fois ces dispositions prises, je me mis à la tête d'une longue
file de charrettes réquisitionnées, et je me dirigeai vers Beaune
afin de ramener les blessés du champ de bataille. En arrivant
sur le lieu de l'action, je trouvai le personnel de l'Ambulance
dans une triste situation : englobés, avec leurs fourgons, dans la
panique d'un régiment de mobiles, ils avaient été culbutés, pres-
sés, contusionnés. L'un de nos fourgons dans lequel les fuyards

s'étaient précipités, avait été démoli, et l'un de nos chevaux blessé avait dû être abandonné.

Le calme rétabli, nous nous dirigeâmes, dans l'obscurité la plus complète, vers les villages de Mézières et de Juranville, où l'action avait été très-vive, et où nous comptions trouver de nombreux blessés.

Nos prévisions ne furent que trop réalisées. A Mézières, nous trouvâmes l'église remplie de blessés couchés sur une mince couche de paille, et auxquels l'Ambulance militaire du 18ᵉ corps donnait les premiers soins. Les maisons particulières en renfermaient également, et comme les ressources alimentaires et autres manquaient entièrement dans le village, dévasté et désolé, nous nous empressâmes de prendre tous les blessés sur nos voitures, ce qu'ils acceptèrent bien volontiers, et ce que l'Ambulance du 18ᵉ corps vit de l'œil le plus satisfait.

Les voitures vides qui nous restaient furent dirigées sur Juranville, où MM. Leenhardt et Planchon trouvèrent encore plus de blessés qu'à Mézières, et dépourvus de tout secours chirurgical. Après avoir fait les pansements nécessaires, ils ramenèrent autant de blessés que purent en contenir nos charrettes de réquisition : nous rentrâmes vers trois ou quatre heures du matin, et nous établîmes nos blessés dans les divers locaux qui avaient été disposés pour cela.

Les jours suivants, 29 et 30 novembre, nous arrivèrent également des blessés qui, étant restés dans des fermes isolées ou au milieu des bois, nous étaient amenés par les paysans. En même temps nous donnions asile, dans des salles spéciales, à de nombreux fiévreux atteints de bronchite, de douleurs rhumatismales, de fièvres typhoïdes, de pneumonies, de fièvres intermittentes, etc. Quatre services avaient été ainsi institués, dont trois chirurgicaux, à la tête desquels j'avais placé le Dᵣ Leenhardt (auquel s'était adjoint M. Planchon), le Dᵣ Ménecier et le Dᵣ Court; le Dᵣ Maurin, qui était venu de Marseille pour nous ravitailler, fut chargé du service des fiévreux pendant les quelques jours qu'il nous donna. Pour moi, je conservai la direction générale des services, auxquels je faisais tous les jours une ou

2

plusieurs visites, et dans lesquels je devais pratiquer les opérations les plus importantes. C'est ainsi que nous soignâmes environ 500 blessés ou fiévreux.

La bataille de Beaune ayant été suivie de petits engagements successifs dans les positions voisines, il nous arrivait tous les jours de nouveaux blessés ; mais à mesure aussi le service des évacuations s'étant régulièrement établi, diminuait le nombre de nos malades dans des proportions plus considérables : aussi, quand le 30 novembre nous fûmes invités à suivre le 20ᵉ corps, qui cédait à Bellegarde la place au 18ᵉ, l'Ambulance put se diviser en deux sections, dont l'une devait suivre l'armée, et dont l'autre, destinée à rester à Bellegarde tant que sa présence y serait nécessaire, viendrait plus tard rejoindre la première.

Je me mis à la tête de la première section, composée de MM. les Dʳˢ Leenhardt et Planchon, et d'un nombre correspondant d'aides et d'infirmiers ; et je laissai à la tête de la seconde MM. les Dʳˢ Ménecier, Court et Protat.

Le 20ᵉ corps s'étant porté à Vitry-aux-Loges, à Nibelle et Chambon, nous nous établîmes nous-même à Combreux, c'est-à-dire dans un point central et éloigné seulement de quelques kilomètres de l'armée. Gracieusement accueillis chez M. le duc de La Rochefoucault, nous songeâmes à créer une ambulance dans le chateau de Combreux et ses dépendances, si un engagement avait lieu dans le voisinage. En attendant, nous soignâmes dans quelques chambres mises à cet effet à notre disposition, un certain nombre de soldats que les fatigues et la rigueur commençante de la saison mettaient dans la nécessité d'abandonner les lignes.

Nous séjournâmes à Combreux les 1ᵉʳ, 2, 3 décembre, et nous en repartîmes le 4.

Pendant ces journées, nous entendîmes presque constamment le canon vers le nord-ouest, mais particulièrement pendant toute la journée du 3, où la forêt d'Orléans ne cessa de retentir des salves de l'artillerie. Tenu sans cesse en éveil par ces solennelles détonations, j'envoyai à plusieurs reprises des courriers à l'état-major du 20ᵐᵉ corps pour avoir des renseignements, et il me fut toujours répondu que le 20me corps restait immobile et n'avait pas reçu l'ordre de prendre part à l'action.

Le 4 décembre, nous apprîmes les malheurs de notre armée, et nous fûmes invités à suivre le 20me corps dans son mouvement de retraite vers la Loire. Avant d'effectuer ce départ, je me rendis à Bellegarde, pour constater l'état de nos ambulances et y donner aux majors qui les dirigeaient mes dernières instructions. Je leur recommandai d'évacuer les malades susceptibles de l'être, de confier le petit nombre de ceux qui resteraient aux trois docteurs de la localité, et de venir nous rejoindre le plus tôt possible. De retour à Combreux, je donnai l'ordre du départ, et nous nous mîmes en route vers Orléans, où, malgré la distance, nous avions l'intention d'arriver dans la nuit. Sachant qu'on se battait depuis trois jours au nord d'Orléans, nous avions l'intention d'établir une ambulance dans la ville ou dans les environs. A cet effet, j'avais envoyé en avant deux membres de l'Ambulance qui pussent prendre des informations et retenir des locaux. Arrivés à Fay-aux-Loges à la nuit, nous comptions aller de là à Checy, quand, dans les environs de Donnery, nous apprîmes que le 20me corps avait été attaqué par les avant-postes prussiens qui étaient maîtres de Checy, qu'un court engagement avait eu lieu, et que, sous la protection du 47me de ligne appartenant à la 3me division, le 20me corps s'était porté vers le sud pour passer la Loire à Jargeau. Craignant de tomber de nuit dans une embuscade ennemie, nous résolûmes de dévier vers Jargeau, ce que nous fîmes sans être inquiétés, et nous passâmes la Loire sur le pont suspendu de Jargeau, dont la chute était déjà préparée. Néanmoins désireux d'entrer à Orléans avant que les Prussiens ne nous en eussent fermé les portes, nous continuâmes notre route jusqu'à Sandillon malgré la fatigue et l'heure avancée, espérant le lendemain matin arriver de bonne heure à Orléans, qui n'en était éloigné que de 11 kilomètres. Mais nos avant-coureurs, qui revinrent vers trois ou quatre heures du matin, nous apprirent que l'armée française avait évacué Orléans, et que les Prussiens y ayant fait leur entrée, ne tarderaient pas à paraître pour inquiéter la retraite de l'armée française. Désireux

de ne point être séparés par eux sans utilité des troupes françaises, nous partîmes de très-grand matin, et, selon les instructions du général, nous nous dirigeâmes vers Cerdon, où il était
d'abord convenu que l'armée se rallierait.

Partis de Sandillon à six heures du matin, nous arrivâmes à
Tigy, où nous rencontrâmes le 20me corps se rendant à Viglain.
Pour éviter avec nos fourgons les routes encombrées par les colonnes et les bagages de l'armée, nous résolûmes d'aller le soir à
Sully, où nous espérions ne pas trouver de troupes. Nous y arrivâmes tard. La température était très-froide; la Loire, prise sur
ses bords, charriait de forts glaçons couverts de neige. Le village
de Sully était occupé par le 18me corps, et les troupes affamées
étaient couchées sur la terre gelée. Dans l'impossibilité de
trouver pour nous, ni un abri, ni un morceau de pain, nous nous
résolûmes à pousser notre marche jusqu'à Cerdon, qui était à
15 kilomètres de Sully.

Le lendemain, laissant le 20me corps à Argent, nous nous rendîmes à Aubigny, et de là enfin à Bourges, où une dépêche du
général Ségard nous donnait rendez-vous. Nous y arrivâmes
le 8 décembre. L'avant-veille, à Cerdon, nous avions opéré notre
réunion avec la section qui était restée à Bellegarde, et qui, après
avoir évacué presque tous ses blessés et confié les autres aux docteurs de la localité, était passée par Châteauneuf et Sully.

Pendant notre séjour à Bourges, nous organisâmes quelques
ambulances pour les fiévreux, si nombreux alors dans l'armée de la
Loire. Une section de l'Ambulance alla s'établir à Levet sous la
direction du Dr Leenhardt, et la seconde à Dun-le-Roi, sous la
direction du Dr Ménecier. Dans ces deux ambulances furent
reçus une centaine de malades appartenant, soit au 20me, soit au
15me corps. Ayant ainsi organisé les services, je restai auprès du
quartier-général, attendant des mouvements importants de l'armée que l'on me faisait pressentir, et visitant les sections de
l'Ambulance.

Après quelques jours d'attente nécessaires pour permettre la
concentration de l'armée, les troupes se dirigèrent vers Dôle et
Besançon, et nous dûmes songer à les suivre.

Pour la troisième fois, je divisai l'Ambulance en deux sections : l'une destinée à se mettre aussitôt en mouvement, et la seconde, à laquelle je confiai la mission de soigner, à Fontaine-les-Châlons, un certain nombre de varioleux et de malades atteints de bronchites et de pneumonies, que le froid devenu très-intense (15 à 18° environ) multipliait considérablement dans l'armée. Cette dernière section devait venir rejoindre la première dès que celle-ci serait établie et aurait des blessés à soigner.

La première se composait de MM. Sabatier, chirurgien en chef ; Leenhardt, chirurgien-major ; Planchon, premier pharmacien en chef ; Pizot, Béchamp, Salles, Espanet, comte de Gommegnies, aides ; Barthélemy, intendant ; Chérouvrier, comptable ; Bardèche, Fège, Matthieu, Saunier, infirmiers et cochers. MM. les aumôniers Astier et Cadiot restaient naturellement attachés à cette section, appelée à arriver la première sur le théâtre de l'action. La seconde section était formée par MM. Ménecier, chirurgien-major ; Protat, deuxième pharmacien en chef ; Paillère, Hérail, Monnoyer, Sève, Aube, Folz, aides ; Guien (Auguste), intendant ; Guien (Jacques), comptable ; Argeliez père et fils, Carnard, Louis, infirmiers.

Je désirais, par cette division de l'Ambulance, rendre chacune de ses sections plus mobile, plus volante, plus apte à suivre les déplacements rapides de l'armée, qui semblaient devoir être un des caractères et une des conditions de succès de cette campagne. J'avais également l'intention de parer par là aux difficultés de nourriture et de logement, que permettaient trop de prévoir et la rigueur extrême de la saison et la situation misérable des pays à parcourir qui avaient déjà souffert de l'invasion.

Laissant les majors Ménecier et Protat à la tête de la section stationnaire, je confiai aux majors Leenhardt et Planchon la direction de la section volante, dont je dus me séparer pendant quelques jours, pour prendre un peu de repos devenu nécessaire.

PREMIÈRE SECTION.

Cette section se dirigea vers Dôle, Besançon, et arriva enfin à Villersexel le soir même de la prise de ce village. C'est là que je la rejoignis le lendemain. L'Ambulance, arrivée de nuit dans cette localité dévastée et encore fumante de l'incendie du château et de plusieurs maisons, trouva un nombre considérable de blessés, deux cents au moins, gisants sans soins. Les ambulances militaires n'étaient pas encore rendues, et l'ambulance du 18e corps, qui eut dû déjà se trouver sur les lieux, puisque ce corps était à Villersexel, et avait donné dans l'attaque, n'arriva que le lendemain. La nuit se passa pour nous à panser tous les blessés couchés sur de la paille à la mairie et dans quelques maisons, et à leur distribuer du bouillon et les premiers soins nécessaires.

Les aliments manquaient entièrement dans ce village bombardé, incendié, pillé déjà par les Prussiens, et abandonné par les habitants. L'intendance du 18e corps nous fit, après bien des difficultés et de fort mauvaise grâce, l'aumône de quelques pains, soit pour nous, soit pour les blessés qu'elle aurait dû nourrir.

Le lendemain nous espérions nous mettre à l'œuvre et faire un certain nombre d'opérations urgentes, quand l'intendance du 18e corps nous fit savoir que, par ordre supérieur, tous les blessés devaient être évacués ; et malgré notre résistance et les allégations que nous fîmes valoir contre un transport si prématuré, avant que les opérations indispensables fussent faites, nous dûmes céder à l'autorité. L'évacuation dura toute la journée et continua pendant une partie de la nuit suivante, malgré une température des plus rigoureuses, 15° de froid au moins. Un dernier convoi de quelques prisonniers et de plus de 50 blessés, placés dans des charrettes découvertes pour la plupart, attendit de nuit pendant plusieurs heures qu'une escorte, bien négligemment prévenue sans doute, lui fût envoyée. Les blessés, mal vêtus, déguenillés, sans chaussures, la plupart sans couvertures, grelottaient et gémissaient sous l'action d'un froid excessif. Nous fîmes auprès de l'autorité militaire les démarches nécessaires pour hâter le départ de ces malheureux, qu'un voyage de sept ou huit heures allait laisser trop longtemps exposés au froid, et nous distribuâmes des chaussettes, des couvertures, des vêtements à ceux qui en étaient privés. Nous leur fîmes également plusieurs distributions successives de bouillon, de vin chaud, de tisane et de pain.

Séparés ainsi, bien malgré nous, de nos blessés, nous partîmes pour l'Isle-sur-le-Doubs, où nous arrivâmes le 14 janvier. Cette petite ville, très-hospitalière, nous paraissant le lieu le mieux indiqué pour l'évacuation des blessés venant du côté de Belfort, nous résolûmes d'y fixer l'Ambulance, sauf à la transporter plus avant dès que la marche de notre armée le permettrait. La situation était évidemment propre à donner lieu à une œuvre chirurgicale et charitable considérable ; aussi envoyâmes-nous des dépêches à la deuxième section de l'Ambulance, afin qu'elle vînt aussitôt nous retrouver et doubler ainsi nos forces et notre matériel. Mais cette section, retenue à Fontaine par la maladie et la mort du regrettable Lasalle, un de nos aides-majors, ne put se mettre en route que trop tard. Quand ses avant-coureurs arrivèrent à l'Isle-sur-le-Doubs, les quatre ou cinq premiers jours de grand travail étaient passés, l'armée française en retraite avait déjà quitté l'Isle, et nous avions eu dès le matin de ce jour la visite des uhlans et la certitude pour le lendemain de l'occupation prussienne. Résolu pour ma part, avec la section qui m'avait suivi, à rester, quoi qu'il advînt, auprès de nos blessés, au milieu des lignes ennemies ; espérant du reste pouvoir avec beaucoup d'efforts suffire à notre tâche, et désireux de ne pas immobiliser inutilement tout le personnel de l'Ambulance, je donnai aux avant-coureurs l'ordre de retourner auprès des majors Ménecier et Protat, sans perte de temps et avant (c'était ma crainte) que l'encombrement des routes et les difficultés croissantes des communications ne s'opposassent invinciblement à leur réunion. J'engageai en même temps la seconde section à suivre la retraite de notre armée, dans la pensée qu'elle pourrait de son côté fournir son contingent de réels services. On verra plus loin que mes prévisions se réalisèrent.

Le lendemain du jour de notre arrivée à l'Isle, je me rendis à

Arcey, accompagné du Dr Leenhardt et de quelques membres de l'Ambulance. Une attaque habile avait permis aux Français de s'établir dans ce village, depuis longtemps occupé par les Prussiens. Nous avions appris qu'il y avait des blessés, et nous allions voir si notre concours n'était pas indiqué. Je me mis en relation avec l'intendance et les ambulances militaires du 24e corps, qui se trouvaient là, et je les prévins que nous pouvions recevoir à l'Isle plusieurs centaines de blessés. Il fut convenu que l'on nous enverrait ceux qui se trouvaient à Arcey dans des conditions déplorables, à peine soignés (je dirai plus tard pourquoi) et à peine nourris, parce que le pain manquait à l'intendance et que les habitants, ruinés par une longue occupation, se trouvaient littéralement sans ressources. Nous revînmes à l'Isle, accompagnant nos omnibus et un convoi de plusieurs charrettes, remplis les uns et les autres de blessés. En même temps nos collègues restés à l'Isle préparaient, sous la direction de M. le Dr de Seynes et de M. Cadiot, des locaux capables de donner asile aux malheureux que nous étions allés chercher. Les vastes bâtiments de l'école des filles, dont les sœurs directrices manifestèrent pour nos blessés un dévouement digne de tout éloge, furent mis à notre disposition, et nous trouvâmes là un certain nombre de lits fournis par les habitants du pays. Où les lits manquaient, nous fîmes jeter une épaisse couche de paille. D'autre part, la mairie, transformée elle-même en ambulance et contenant plusieurs lits, nous fut également ouverte par les soins du maire de l'Isle, M. Meiner, avec l'excellent et très-confraternel concours du médecin de la localité, le Dr Pernod, à l'activité duquel je suis heureux de rendre ici justice. Chaque jour nous arrivaient en grand nombre de nouveaux blessés, et bientôt nous dûmes occuper aussi les vastes écoles de garçons, dont l'instituteur et sa famille furent pour nous des aides précieux et très-dévoués.

Grâce à notre diligence, et (pour rendre justice à qui de droit) grâce surtout au zèle infatigable du Dr Leenhardt et de notre intendant, M. Barthélemy, nous pûmes dans la plupart de ces locaux remplacer la simple couche de paille par de vraies paillasses et des matelas confectionnés *ad hoc*, ou empruntés aux habitants du pays.

Enfin, le nombre des blessés et des malades augmentant toujours, nous prîmes possession de quelques maisons non habitées. Je n'exagère pas, en effet, en disant que pendant ces terribles journées passées devant Montbéliard et Héricourt, et qui précédèrent la retraite de l'armée française, nous pûmes donner successivement des soins, un asile, distribuer de la soupe, des aliments divers et des pansements à près de deux mille blessés ou malades. Il arrivait de jour et de nuit des convois de blessés auxquels tout manquait, et qui subissaient dans des conditions déplorables de vêtement et d'alimentation, des températures sibériennes (de 15 à 20° de froid). Aux plus dénués nous donnions des vêtements indispensables, et particulièrement des chaussures de laine, dont ils étaient généralement dépourvus. Malgré les exigences incessantes du service, un aide-major de l'Ambulance put quelquefois accompagner jusqu'à Clerval les convois de blessés, et leur prodiguer pendant la route les soins nécessaires. C'est ainsi que, durant quelques jours consécutifs, nous avons répondu d'une manière efficace à des besoins dont la dépêche télégraphique suivante, qui me fut envoyée d'Aibres près d'Héricourt, pourra donner une juste idée.

« Intendant en chef du 24me corps à chef ambulance établie à l'Isle-sur-le-Doubs.

» Nous avons à faire, du 24me corps, de nombreuses évacuations de blessés sur Clerval ; nous n'avons pas de médecins et d'infirmiers pour les faire accompagner et soigner tous ; veuillez bien donner au passage bouillon, quelques aliments et soins médicaux. Il en passera peut-être 5 à 600 dans la journée, peut-être plus. Me trouverai à Raynans pour réponse.

» PERROT. »

Les blessés qui nous arrivaient pendant la journée et qui pouvaient atteindre Clerval avant la nuit, recevaient de nous des aliments et des soins médicaux, et continuaient ensuite leur route, à l'exception toutefois des varioleux et des blessés gravement atteints. Les convois parvenus à l'Isle dans la soirée ou dans la nuit y restaient jusqu'au lendemain. Nous avions préparé de nombreux locaux convenablement chauffés, où les soldats, couchés sur de la paille, étaient à l'abri du froid extrême de ces nuits glaciales. Nous faisions dans chaque convoi un choix des cas graves, des blessés qui réclamaient une opération, ou pour lesquels la prolongation du voyage eût présenté de graves inconvénients. Les varioleux très-nombreux qui se trouvaient dans les périodes d'incubation ou d'éruption, étaient également gardés et placés dans un local spécial, afin d'éviter la contagion pour les autres malades de l'Ambulance. Ce procédé d'élimination nous laissa entre les mains, lors de la retraite de l'armée française, 300 blessés environ gravement atteints ou ayant subi des opérations sérieuses.

Ce n'est ni sans une grande tristesse, ni sans un profond découragement, que nous vîmes l'éloignement de nos soldats et l'arrivée des troupes ennemies ; mais, grâces à Dieu, nous comprîmes que notre place était auprès de nos malades, et que nous devions leur éviter, au prix de notre liberté, les douleurs et les dangers d'un nouveau changement de place. Quand j'annonçai au personnel de l'Ambulance que nous resterions quoi qu'il advînt, j'eus la joie de voir qu'aucun de ceux que je dirigeais ne sentit son cœur défaillir. Tous voulurent rester à leur poste, malgré la manace permanente pendant deux jours d'un bombardement qu'aurait pu déterminer la reconstruction du pont de l'Isle par l'armée prussienne. Cette épreuve nous fut heureusement épargnée, et nous nous en réjouîmes, pour nous sans doute, mais surtout, je puis le dire, pour nos ambulances, qui, placées dans le voisinage du pont, eussent été saccagées et réduites en cendres.

L'arrivée de l'armée prussienne et l'occupation de l'Isle-sur-le-Doubs, en épuisant les ressources du pays, nous créèrent bientôt de grandes difficultés pour la nourriture de nos blessés. La farine ayant été saisie dans les moulins et chez les boulangers par l'armée ennemie, nous fûmes sur le point de nous trouver sans pain. J'en référai aux autorités militaires prussiennes, qui m'accordèrent quelques caisses de biscuit enlevées à l'armée française. La viande étant aussi excessivement rare, c'est avec le biscuit et du bouillon Liebig que nous dûmes alimenter nos blessés pendant quelques jours.

Nos provisions s'épuisaient et nos préoccupations pour l'avenir commençaient à devenir très-sérieuses, lorsque, dans une inspiration généreuse, des délégués du Comité de Bâle, parmi lesquels M. Müller et le Dr Socin, vinrent nous apporter un riche approvisionnement de comestibles et d'objets de pansement. Jamais don mieux choisi ne fut fait plus à propos. Farine, légumes, confitures, bouillon Liebig, lait concentré, pruneaux, fromage, vin de Médoc, cigares, médicaments, gouttières métalliques, bandes de toile et de flanelle, chemises, couvertures de laine, ceintures et gilets de flanelle, chaussettes, pantoufles, draps de lit, rien n'y manquait, et tout y était à la fois d'un excellent choix et en quantité rassurante pour l'avenir. Nous fûmes profondément réjouis par ces richesses qui allaient nous permettre de faire tant de bien, et nous en remerciâmes du fond du cœur les amis des blessés qui contribuaient si largement à les soulager. Nous les en remercions encore, et nous les en remercierons toujours, car ils ont fait succéder l'abondance à une disette imminente, et ils l'ont fait spontanément, sur de vagues indications, guidés surtout par cet instinct précieux qui ne manque jamais à ceux qui ont l'ardent désir de faire du bien.

Du reste, notre position vis-à-vis des autorités prussiennes s'améliora de jour en jour, par suite des excellents rapports qui s'établirent entre les chirurgiens de l'armée prussienne et nous. Ces chirurgiens vinrent fréquemment visiter nos ambulances, et assistèrent à nos opérations, pour lesquelles ils nous prêtèrent leur concours en acceptant quelquefois le modeste rôle des aides. Leurs instruments, leurs médicaments furent mis à notre disposition; et il y eut vraiment entre nous des rapports de confraternité propres à nous faire oublier, dans cette sphère de la charité et de la science, cette lutte cruelle à laquelle nous assistions depuis bientôt quatre mois.

Le nombre de nos malades ayant considérablement diminué par suite d'évacuations successives sur Montbéliard, et l'état du petit nombre qui nous restaient n'exigeant que de modestes pansements dont l'excellent M. Pernod voulut bien se charger, nous demandâmes au commandant prussien un sauf-conduit qui nous fut accordé, et le 9 février nous pûmes reprendre la route du Midi en passant par la Suisse.

Après un travail excessif de nuit et de jour, accompli par un personnel trop peu nombreux; après un séjour prolongé au milieu des lignes prussiennes, sans communication possible avec nos familles, tous malades ou tout au moins très-fatigués, atteints par la vermine dont nos soldats étaient couverts, attristés par la maladie de nos compagnons et par la mort de l'un d'eux, l'excellent et digne infirmier Hilaire Godard, la seconde victime de notre campagne; abattus enfin par tous les désastres auxquels nous venions d'assister, nous vîmes tous avec bonheur arriver le jour de la délivrance et du retour dans nos foyers. L'opportunité de ce retour n'était du reste pas douteuse, car la plupart d'entre nous ont été indisposés dès leur rentrée dans leurs familles.

Toutefois, en traversant la Suisse, nous apprîmes que l'état sanitaire de nos soldats internés laissait beaucoup à désirer, et que l'on faisait appel au dévouement du Corps médical français. Je m'empressai de me rendre à Berne, pour mettre l'Ambulance à la disposition du général Clinchant. Le chef d'état-major, colonel de Varaigne, auquel je m'adressai en l'absence du général, me répondit que le nombre des malades décroissait rapidement par suite du retour aux bonnes conditions hygiéniques, que le service médical venait d'être organisé et départi entre un nombre suffisant de chirurgiens militaires, et que nos services ne pouvaient être par conséquent utilisés. Cependant je laissai mon adresse au colonel de Varaigne, avec prière de me rappeler par dépêche aussitôt que mon concours pourrait être désiré. En même temps je fis savoir au Comité de Secours de Genève que j'étais prêt à répondre au premier appel qui me serait adressé. Notre devoir ainsi rempli, nous prîmes la route de France, où nous arrivâmes le 12 février.

SECONDE SECTION.

Pour éviter la confusion et présenter les faits avec ordre, j'ai omis à dessein jusqu'à présent ce qui a trait à la seconde section de l'Ambulance. Le moment est venu de parler d'elle et de rendre compte de ses travaux.

On l'a vu, cette section, dont j'avais confié la direction au major Ménecier, avec le concours de M. Protat, second pharmacien en chef, n'avait pu répondre à l'appel que nous lui avions adressé par dépêche, et venir nous rejoindre à l'Isle-sur-le-Doubs. Suivant dès-lors la retraite de l'armée de l'Est, elle revint de Clerval à Besançon, et de là à Ornans et à Pontarlier, où elle séjourna pendant dix jours. Le major Ménecier y avait trouvé un nombre de malades toujours croissant, par suite du désarroi complet et des marches précipitées des troupes françaises. Il suffira de dire que le premier jour nos collègues se trouvèrent seuls en présence de 2 000 malades. Le jour suivant, le nombre avait presque doublé. Les Ambulances des Dames de Saint-Maur, de l'hôpital, des sœurs des écoles, étaient littéralement encombrées. Le pain ne manquait pas moins que les soins médicaux.

Le personnel peu nombreux de notre seconde section n'aurait pu suffire à tant de besoins. Heureusement que de nouvelles ambulances internationales vinrent joindre leurs efforts aux siens. Heureusement aussi que M. le marquis de Villeneuve-Bargemont, directeur-général des Ambulances internationales, et qui avait pris à l'Ambulance du Midi un si vif intérêt, arriva sur ces entrefaites, et obtint du quartier-général le concours des aides-majors militaires, pour opérer rapidement l'évacuation des blessés sur le territoire suisse.

En quittant Pontarlier, le Dr Ménecier et ses aides se dirigèrent vers Neufchâtel. Dans le trajet, au fort de Joux, le Dr Ménecier, appelé à donner des soins à un certain nombre de malades, fut obligé de pourvoir entièrement au matériel de l'ambulance du fort ; tout y manquait absolument. Vingt matelas, vingt couvertures de laine, quarante draps de lit, plusieurs caisses renfermant des linges à pansement, des médicaments et des vêtements même, furent détachés de nos fourgons pour organiser ainsi de tous points l'ambulance du fort.

A Neufchâtel se trouvaient entassés déjà un très-grand nombre de militaires que les privations de toute sorte avaient rendus incapables de poursuivre leur marche. Les besoins de secours étaient immenses, et néanmoins notre section dut recourir à l'intervention de M. de Villeneuve, pour triompher des dispositions peu empressées du Comité suisse de Neufchâtel, et faire accepter ses services ainsi que les ressources de son matériel.

Le Comité français de secours aux blessés résidant à Neufchâtel, et présidé par Mme la comtesse de Drée, avait profité de l'offre généreuse des sœurs de l'hospice de la Providence et des frères de l'école catholique, et avait établi des lits d'ambulance dans les locaux cédés par ces corporations religieuses. C'est là que l'Ambulance du Midi installa son service médical. Quatre-vingt-deux militaires gravement atteints de dysenterie, d'affections de poitrine et d'accidents typhiques, y trouvèrent un asile et des soins[1].

Arrivée à Neufchâtel le 2 février, notre seconde section en est repartie le 3 mars, ne laissant dans les salles qu'un petit nombre de malades, dont la plupart convalescents. Le Dr Cornetz (de Neufchâtel) a bien voulu se charger de les visiter jusqu'à leur entier rétablissement. Désireux, du reste, de me rendre compte par moi-même des travaux de cette section, et de lui venir en aide si besoin était, je me suis rendu à Neufchâtel peu de jours après mon retour de l'Isle, et y ai trouvé le nombre des malades fort réduit et l'ambulance à la veille de son départ. Quelques membres dont le concours était devenu inutile, étaient déjà rentrés en France. Le départ de ceux qui restaient, au nombre de sept, était désormais parfaitement indiqué, attendu que les dépenses occasion-

---

[1] Pour cela, les dames françaises établies Neufchâtel, les sœurs de la Providence et les frères des Écoles rivalisèrent de zèle avec les personnes de l'Ambulance.

nées par leur séjour à Neufchâtel commençaient à être hors de proportion avec les services qu'ils étaient appelés à rendre.

La division de l'Ambulance en deux sections avait donc produit les heureux résultats que j'en attendais, et réalisé mes prévisions en complétant le cercle de services que nous pouvions rendre à notre armée : soins aux blessés restés dans les lignes ennemies, d'une part, et soins aux malades ou blessés attachés à la marche de l'armée française, d'autre part.

RAPPORTS DE L'AMBULANCE AVEC LES COMITÉS FONDATEURS.

Pendant tout le temps qu'elle a fonctionné, l'Ambulance est restée en relation avec les deux Comités fondateurs, soit par la voie des correspondances, soit par l'intermédiaire des membres qu'un congé ramenait dans leurs familles, auprès du siége de l'un des deux Comités. D'un autre côté, les deux Comités n'ont cessé de témoigner à l'Ambulance le plus vif intérêt et la plus louable sollicitude. De fréquents envois nous ont été faits par eux et sont venus renouveler nos ressources de toute nature, qui s'épuisaient si rapidement. De Marseille nous sont parvenus deux envois que j'ai déjà mentionnés, dont l'un, reçu à Bellegarde, était accompagné par M. Maurin, et dont l'autre, confié à MM. Olive et Peyron, avait été reçu à Neufchâtel par la seconde section de l'Ambulance.

De Montpellier sont également arrivés plusieurs envois importants, dont l'un nous a été remis à Bellegarde. M. Planchon, revenant d'un court voyage à Montpellier, nous apporta à Bourges un certain nombre de ballots qui furent bientôt suivis de plusieurs autres, lesquels nous parvinrent à Villersexel. Enfin un envoi bien plus considérable que tous les précédents, constituant à lui seul le chargement complet d'un grand wagon de marchandises, nous était conduit à l'Isle-sur-le-Doubs par MM. de Billy, délégué régional, et Paul Cazalis de Fondouce, membre du Comité de Montpellier. Mais l'évacuation brusque et inattendue de la gare de Besançon, nécessitée par l'approche de l'ennemi, les séparèrent inopinément de ce wagon, qui n'a pu nous arriver en temps utile, malgré les efforts persévérants de nos deux amis.

Ces divers envois consistant en objets de pansement, de pharmacie, en provisions alimentaires, et surtout en vêtements de flanelle, étaient dus en partie au Comité montpelliérain lui-même, mais plus encore à l'Association protestante des dames de Montpellier, qui ont manifesté dans ces circonstances un zèle infatigable, et qui nous ont sans cesse offert et prêté leur concours. Je suis heureux de leur exprimer ici la profonde reconnaissance de l'Ambulance du Midi. Cette reconnaissance, empressons-nous de le dire, est également due aux dames de Marseille associées au Comité, qui ont très-largement contribué à réunir et à confectionner les provisions importantes d'objets de pansement et de vêtement que nous emportâmes avec nous de Marseille.

Tous ces secours nous ont été d'une utilité inappréciable. Grâce à eux, nous avons pu conserver aux pansements ces conditions de propreté indispensables pour la cure des plaies et le succès des opérations. Grâce à eux aussi, nous avons pu renvoyer tous les blessés qui avaient séjourné dans l'Ambulance et bien d'autres que le défaut de place nous obligeait à évacuer directement, de les renvoyer, dis-je, pourvus de chemises, de chaussettes, de gilets de flanelle, de couvertures de laine, de cigares, de savon même, et d'une petite provision d'aliments. Il nous a été ainsi possible de diminuer en quelque mesure les souffrances des victimes de la guerre; et je ne suis que juste en faisant remonter la source de ce bien aux cœurs généreux qui, malgré les distances, nous ont permis de le faire, soit par leur libéralité, soit par leur active coopération.

CONSIDÉRATIONS GÉNÉRALES

sur

LES AMBULANCES.

Après avoir fait le récit des opérations de l'Ambulance du Midi, et avant d'exposer les observations médicales qui ont pu être utilement recueillies, je crois devoir présenter quelques réflexions qu'il m'a été donné de faire dans le cours de cette campagne, sur divers points qui intéressent la chirurgie militaire et les ambulances volontaires.

Je ne parlerai que de ce que j'ai vu, et je n'établirai mes jugements que sur mes propres observations.

Il serait conséquemment possible que ce qui a été vrai dans la limite du champ où j'ai observé, ne fût pas rigoureusement exact pour un champ d'un rayon plus étendu. Mes réflexions n'auront donc qu'une généralité relative, et pourront, sans cesser d'être justes, se trouver en contradiction avec des réflexions, non moins justes, d'observateurs placés dans des conditions différentes.

Il pourra paraître étonnant et superflu que je propose des réformes et que je discute un projet d'organisation des ambulances, au lendemain d'une guerre qui semble faite pour nous détourner à tout jamais de ce genre de luttes. Je puis répondre qu'à cet égard l'avenir peut nous réserver de bien grandes surprises, et que d'ailleurs, s'il est une vérité bien démontrée, c'est qu'un service médical militaire ne s'improvise pas si facilement,

3

et qu'il est bon d'y avoir réfléchi d'avance. En tout cas, si l'on veut, pour faire mieux dans l'avenir, profiter des expériences récentes, il est sage de ne pas attendre que le souvenir en soit émoussé, pour en formuler les résultats.

DU SERVICE MÉDICAL MILITAIRE DANS L'ARMÉE FRANÇAISE.

Le moment est venu de faire comprendre quel a été dans cette dernière guerre le rôle des ambulances volontaires, et de quelle manière elles ont suppléé à l'insuffisance et au défaut d'organisation des ambulances militaires.

L'insuffisance numérique du corps médical de notre armée, dans la malheureuse guerre qui vient de finir, ne peut être contestée par personne. Chacun a pu voir le service de santé de l'armée réduit à un personnel des plus exigus. Le nombre réglementaire des médecins de régiment, déjà très-restreint par lui-même, n'était le plus souvent pas atteint. Au lieu de comprendre un médecin-major de première classe, un médecin-major de seconde classe et un aide-major, le personnel médical du régiment se composait, dans la presque totalité des cas, d'un seul médecin, et pas toujours de première classe. Pour les régiments de mobiles, c'était en réalité la règle, quoiqu'on eût dans certains cas donné à un étudiant en médecine l'autorisation de se décorer du titre de sous-aide, mais à la condition dérisoire de porter le fusil et de conserver dans les lignes sa place et son rôle de soldat.

Dans les régiments manquaient entièrement les hommes chargés de relever les blessés, de les transporter, d'aider le chirurgien et de remplir le rôle d'infirmier. Dans les ambulances militaires, leur nombre était trop faible.

Il résultait de cette lacune des inconvénients faciles à deviner. Quand, par exemple, un régiment était obligé de se fractionner, il y avait nécessairement une ou plusieurs de ses parties absolument dépourvues de secours médicaux. Le manque de brancardiers institués d'avance dans les régiments avait, ou le défaut de laisser les blessés exposés pendant la lutte, ou l'inconvénient non moins grave de désorganiser les lignes, en permettant à un nombre trop grand de combattants d'abandonner leur poste et d'en rester éloignés sous prétexte d'accompagner leurs camarades mis hors de combat [1].

Les ambulances du grand quartier-général aussi bien que celles des quartiers-généraux de corps d'armée, se faisaient remarquer par l'insuffisance numérique de leur personnel. Les ambulances divisionnaires étaient également incomplètes ou faisaient entièrement défaut, comme dans la 3e division du 20e corps.

A l'insuffisance du personnel s'ajoutait l'insuffisance, ou plus souvent le manque absolu du matériel nécessaire. Quelques ambulances étaient à peu près pourvues à cet égard. Mais la plupart étaient pauvres et, en règle générale, les médecins des régiments n'avaient pour toutes ressources qu'une modeste trousse de poche. C'était là tout leur bagage en fait d'instruments, de linge, de médicaments. Ni une bande, ni une compresse, ni un peu de charpie, ni un fil à ligature, ni perchlorure de fer, ni cordial pour ranimer les blessés. Tous ceux que nous avons interrogés nous l'ont confirmé avec amertume.

Le matériel de transport et d'évacuation des blessés n'était pas plus riche que celui des pansements. Les brancards même faisaient défaut, et nous avons dû, à maintes reprises, prêter les nôtres à l'intendance. Mais ce qui manquait plus encore, c'étaient les fourgons pour le transport des blessés. Nous n'en avons vu aucun qui fût affecté spécialement à cet usage, et sous ce rapport le matériel des ambulances françaises nous a paru, comme sous tous les autres, bien inférieur à celui des ambulances prussiennes. Quelques rares ambulances, celle du 18e corps entre autres, possédaient des mulets de litière et des mulets de cacolet. Mais je dois dire que dans aucune autre circonstance peut-être, ces moyens de transport n'ont été moins commodes et

---

[1] Plusieurs médecins militaires m'ont dit que leur principale occupation pendant le combat était de renvoyer dans les lignes le trop grand nombre de soldats complaisants qui accompagnaient les blessés et qui fussent volontiers restés auprès d'eux.

moins appropriés que dans la campagne de l'Est. Nous en
avons usé à Villersexel, et quoique ce ne fût que pour de très-
courtes distances, nous avons sérieusement tremblé pour nos
blessés en les confiant à ces véhicules appariés sur les flancs d'un
mulet dont les pas, mal assurés sur la glace, faisaient craindre
sans cesse une chute ou tout au moins de rudes secousses.

Avec de pareils vides dans le personnel et dans le matériel
médical, devaient nécessairement se produire de grandes lacunes
dans le service de santé de l'armée. Ces lacunes ont frappé tous
les yeux non prévenus, et elles doivent être signalées, tant pour
en éviter le renouvellement que pour montrer la manière dont
les ambulances volontaires ont contribué à les combler.

Les faits abondent pour appuyer les assertions qui précèdent;
tous ceux dont nous avons été les témoins ne sauraient trouver
place dans cette publication, à laquelle je ne veux pas donner des
proportions exagérées. Je me bornerai à quelques-uns.

J'ai déjà dit que, lors de notre arrivée à Chagny, nous avions
trouvé le service médical des troupes confié à un nombre trop
restreint de médecins militaires. Tous ceux à qui nous nous
adressâmes (et plusieurs d'entre eux étaient élèves de Montpellier et par conséquent mes anciens élèves), nous dirent qu'ils
étaient absolument dépourvus de tout : « Nous n'avons à notre
disposition que notre trousse d'étudiant et de l'eau », telle fut
leur réponse.

Cette pénurie de secours médicaux ne laissait pas que de
préoccuper les autorités civiles et militaires de Chagny. On s'attendait tous les jours à une attaque des Prussiens, déjà maîtres
de Dijon, et l'on prévoyait de sérieux embarras pour le moment
où il y aurait des blessés. Aussi fîmes-nous à Lyon la rencontre et
reçûmes-nous la visite d'un délégué du Comité de la Société de
secours aux blessés de Mâcon, qui venait demander au Comité
lyonnais l'envoi d'une ambulance à Chagny. Nous acceptâmes
avec empressement l'invitation qui nous avait été faite simultanément, et nous nous dirigeâmes vers Chagny. A Mâcon, nous

fîmes la rencontre d'un officier supérieur qui nous dit avoir la double mission de ramener les mobiles qui avaient fui débandés après la prise de Dijon, et de demander à Lyon des chirurgiens militaires pour l'armée de Chagny. Nous pûmes lui annoncer que l'Ambulance du Midi s'y rendait ; et la satisfaction qu'il en manifesta nous prouva que notre œuvre répondait à un besoin urgent et reconnu comme tel.

L'armée de Chagny, d'abord formée par un noyau de régiments de mobiles et une batterie d'artillerie, s'accrut rapidement par l'arrivée de l'armée des Vosges. Cette armée, qui venait d'opérer une pénible retraite, comptait beaucoup de soldats fatigués, malades, atteints d'accès de fièvre, de pneumonie, de variole, de dysenterie, etc. Le petit hôpital de Chagny fut bientôt insuffisant pour tant de fiévreux, quoiqu'on eût jeté des matelas dans les allées et les intervalles des lits. Beaucoup de soldats malades restaient sans soins, et même ceux qui se trouvaient à l'hôpital n'étaient visités qu'à de rares intervalles par un médecin civil, débordé par le travail ingrat des détails administratifs.

Depuis trois jours, de l'aveu même de ce confrère, les malades de l'hôpital n'avaient point eu sa visite, quand l'aumônier des mobiles de la Lozère vint, de son initiative privée, nous trouver à Fontaine pour nous exposer la situation et nous demander notre concours. Nous nous déclarâmes prêts à répondre à cet appel, et à accepter dans l'hôpital le service qu'on voudrait bien nous confier. Je m'empressai de me mettre en relation avec le médecin chargé de la visite à l'hôpital, et je lui offris nos services, en m'efforçant de les lui représenter comme une modeste collaboration et non point comme un empiétement. On accepta notre concours, du moins en principe. C'était le 12 novembre ; mais lors de notre départ, le 17, on n'avait pas encore fait appel à notre activité.

Je n'ai pas à revenir ici sur l'insuffisance du service médical militaire dans la campagne de Beaune-la-Rolande. Je me borne à dire que pendant les engagements qui précédèrent et accompagnèrent la bataille de Beaune, il n'y eut à Bellegarde même, c'est-à-dire dans la localité où furent soignés le plus grand nom-

bre de blessés, il n'y eut, dis-je, que des ambulances internationales, et qu'elles soignèrent là plusieurs milliers de soldats
atteints de blessures ou de maladies.

Il est une conséquence de l'infériorité d'organisation de notre
service médical militaire qui m'a particulièrement frappé et qui
mérite bien d'attirer l'attention. Quand nous nous rendîmes à
Arcey, village placé à quelques kilomètres au sud d'Héricourt,
je trouvai la mairie, les maisons d'école et quelques autres locaux remplis de blessés français et prussiens. Il y en avait cent
cinquante environ. La plupart présentaient des blessures graves :
plaies du genou, du coude, fractures comminutives, etc., etc. Un
certain nombre de cas auraient réclamé des amputations, des
résections, des régularisations, et pourtant aucun de ces moyens
chirurgicaux n'avait été employé, quoique les blessures datassent
de plusieurs jours. On s'était contenté de pansements simples.
L'inflammation avait eu ainsi le temps de se déclarer, et les blessés
se trouvaient par suite dans des conditions bien moins favorables
au succès des opérations.

A quoi fallait-il attribuer ce fait, dont la gravité n'échappera
à personne ? A l'absence des ambulances militaires ? Non, puisque plusieurs d'entre elles étaient passées à Arcey, et que deux
ambulances divisionnaires du 24e corps s'y trouvaient encore ce
jour-là. Voici l'explication de cet abandon relatif dans lequel
avaient été laissés les blessés : une ambulance militaire arrivée à
Arcey avait examiné les blessés, les avait pansés, mais n'avait
entrepris aucune opération importante, parce que, appelée à suivre
sa division qui était en avant, elle n'avait compté que sur un trop
court séjour, et avait, en partant, remis les blessés entre les mains
d'une autre ambulance arrivée après elle. Cette seconde, dirigée
par les mêmes motifs, avait agi comme la première et avait
compté sur une troisième pour pratiquer les opérations urgentes,
et ainsi de suite ; de telle sorte que le temps s'était écoulé et que
la plupart des blessures présentaient des phénomènes intenses
d'inflammation qui rendaient les opérations plus difficiles et leur

pronostic plus grave. Je vis les deux ambulances qui étaient
à Arcey : l'une allait partir, elle connaissait à peine l'état des
blessés et la nature des lésions ; la seconde venait d'arriver et se
disposait à repartir bientôt ; elle ne les connaissait pas du tout.

Il est évident que de pareils malheurs eussent été évités si notre
Corps médical militaire eût été mieux organisé, et si, par exemple, les ambulances de corps ou de division eussent possédé un
personnel assez nombreux pour laisser à Arcey un détachement
convenablement composé, qui eût pu et dû rester là jusqu'à ce
que les opérations eussent été faites et que l'évacuation des blessés
eût été effectuée dans de bonnes conditions. On eût ainsi paré
aux graves inconvénients que je signale ; mais on y parerait d'une
manière plus sûre et plus efficace encore en créant à côté des
ambulances de division ou de corps d'armée, qui sont destinées
à suivre les troupes dans leurs marches et qui ne peuvent rester
éloignées d'elles, en créant, dis-je, des ambulances indépendantes
de toute attache étroite à une partie quelconque de l'armée, qui
dussent se fixer successivement dans les lieux où se trouverait
une réunion de blessés, pour leur prodiguer les soins convenables
jusqu'à leur évacuation opportune vers un hôpital.

On ne peut se dissimuler, en effet, que les voyages répétés sur
de mauvais véhicules, sans abri et par une température des plus
rigoureuses, n'aient eu de très-graves conséquences, quand ces
transports ont été effectués pendant les premiers jours de la blessure et avant toute opération qui en eût simplifié et heureusement
modifié les conditions. A une époque plus reculée, après la période d'acuité et quand les suites des opérations entraient ou
étaient franchement entrées dans la période de cicatrisation, ces
voyages, exécutés avec prudence, eussent présenté pour les malades plus d'avantages que d'inconvénients. En procurant au
malade le bénéfice d'un changement d'air et de milieu, ils lui
promettaient en outre de meilleures conditions de bien-être,
puisqu'en le retirant des ambulances improvisées on le dirigeait
vers des hôpitaux ou des asiles de convalescence organisés de
longue main.

Nous devons à la vérité d'avouer hautement que dans l'armée

prussienne le service médical était établi sur des bases autrement larges et d'une manière plus conforme aux véritables intérêts des blessés. D'abord le nombre des médecins était bien supérieur. Ainsi, un corps d'armée prussien comprenant deux divisions et composé de 30,000 hommes, possède :

Un médecin-général..............................	1
Son aide de camp............	1
Deux médecins divisionnaires	2
Trois détachements de santé comprenant chacun 7 médecins, soit..............................	21
Douze ambulances volantes destinées à suivre exactement l'armée et comprenant chacune 5 médecins, soit	60
Six médecins pour chacun des huit régiments d'infanterie, soit	48
Trois médecins pour chacun des six régiments de cavalerie, soit	18
Un médecin pour chacune des seize batteries d'artillerie, soit	16
Quatre médecins pour le détachement des pionniers..	4
Un médecin pour le train......................	1
TOTAL........	172

En tout donc **172** médecins, auxquels il faut ajouter un nombre considérable d'infirmiers appelés à soigner les blessés, soit sur le champ de bataille, soit dans les ambulances, et des brancardiers qui, placés dans les rangs pendant le combat, y occupent une place déterminée et sont toujours prêts à relever les blessés et à en opérer le transport dans l'ambulance la plus voisine.

L'énumération qui précède suffit pour démontrer la supériorité numérique du personnel médical de l'armée prussienne; nos corps d'armée, en effet, composés de 30 mille hommes et plus, ne comptaient guère que 40, 50 ou 60 médecins, au maximum. A la supériorité numérique s'ajoutait aussi, chez les Prussiens, une supériorité d'organisation incontestable. A part les médecins régimentaires déjà nombreux et affectés aux soins immédiats de leurs

soldats, il faut remarquer, en effet, l'existence de douze ambulances volantes qui pouvaient agir isolément pour suivre les
détachements du corps d'armée pendant la campagne. Par cela
même était assuré le service médical de toutes les parties du
corps d'armée, et il n'arrivait pas, comme chez nous, qu'un détachement considérable, envoyé dans une direction un peu excen-
trique, se trouvât réduit à quelques médecins de régiment souvent
trop peu nombreux, non pas seulement pour suffire aux soins des
blessés, mais aussi, et surtout, pour entreprendre des opérations
urgentes qui exigent le concours d'un certain nombre d'hommes
de l'art. Il n'était pas possible, en effet, que nos ambulances de
corps, aussi bien que nos ambulances divisionnaires réduites au
nombre de deux ou trois par corps d'armée, se multipliassent au
point de satisfaire à ces exigences.

Mais il est un autre point de l'organisation des ambulances
prussiennes qui me paraît surtout mériter l'attention de ceux
qui seront appelés à reformer notre service médical militaire. Je
veux parler des trois détachements de santé, composés chacun de
sept médecins, et qui se trouvent dans chacun des corps d'armée.
C'est là une institution qui manque absolument en France, et qui
constitue une des lacunes les plus fâcheuses. Ces détachements,
appartenant au corps d'armée, ne sont pas tenus de le suivre
dans sa marche comme les ambulances volantes. Ils sont chargés
d'établir des ambulances stationnaires, où sont envoyés les blessés déjà recueillis et provisoirement soignés par les médecins régimentaires ou les ambulances volantes. Ces détachements de
santé, pourvus d'un riche matériel et accompagnés d'un grand
nombre d'infirmiers, s'installent pour un temps plus ou moins
long, qui n'a de limite que l'évacuation régulière et faite en
temps opportun de tous les blessés. Là sont pratiquées toutes les
opérations qui n'ont pu l'être dès les premiers jours; là aussi
sont soignés et observés les opérés jusqu'à leur guérison à peu
près complète ou même complète.

Ce rouage très-important du service médical est destiné à prévenir des conjonctures aussi déplorables que celles dont j'ai été
le témoin à Arcey, où des ambulances obligées de suivre leurs

divisions respectives s'étaient succédé rapidement sans se donner le temps de faire les opérations urgentes que réclamait l'état des blessés qui se trouvaient là.

Pendant notre séjour à l'Isle–sur-le-Doubs, nous avons eu l'occasion de voir de près une de ces ambulances stationnaires prussiennes. Arrivée quelques jours après le passage de l'armée, elle a choisi des locaux convenables, a fait construire très-rapidement des lits de planches d'un modèle à la fois très-simple et très-commode, et les a garnis de paillasses.

Son personnel était nombreux tant en docteurs qu'en pharmaciens et surtout en infirmiers. Tous étaient porteurs du brassard. Son matériel était composé de plusieurs fourgons admirablement organisés et pourvus abondamment de tout ce qui est réellement utile dans la pratique de la médecine militaire. Tandis que les troupes prussiennes poursuivaient leur marche, accompagnées de la partie volante du personnel médical, l'ambulance s'établissait à l'Isle, décidée à y séjourner tant que l'exigerait l'intérêt des blessés qui devaient lui être envoyés. Sa position à une faible distance en arrière de l'ensemble de l'armée lui permettait de recevoir les blessés le jour même ou le lendemain du combat, et de les traiter jusqu'à une époque où leur évacuation pût se faire sans préjudice. Cette ambulance, arrivée à l'Isle vers le 25 ou 26 janvier, n'en est définitivement repartie que dans les premiers jours d'avril. Elle a donc fait un séjour de deux mois pour compléter le traitement des militaires qui lui avaient été confiés.

DU RÔLE DES AMBULANCES VOLONTAIRES.

Les faits qui précèdent font assez ressortir les lacunes de notre service médical militaire : insuffisance numérique du personnel et pauvreté du matériel. Ces lacunes très-regrettables ont, sans aucun doute, accru dans de tristes proportions le nombre des victimes de la guerre et la gravité de leur situation. Mais, quoique déjà très-sensibles, ces lacunes l'eussent été bien davantage sans le concours des ambulances internationales. Celles-ci

ont contribué à y parer dans une grande mesure. Leur concours
aurait pu, j'en conviens, être plus efficace. Plusieurs causes s'y
sont opposées. J'en parlerai plus loin ; mais en prenant ce concours tel qu'il a été réellement, on peut affirmer son utilité et
ses services incontestables.

Les ambulances internationales, pourvues d'un matériel plus
riche, plus complet, souvent plus perfectionné que celui des ambulances militaires, ont souvent remédié à cette pénurie excessive
de linges à pansements, d'instruments, de médicaments, dont se
plaignaient amèrement tous les chirurgiens militaires. Non-seulement leurs provisions d'objets de ce genre ont suffi à l'entretien
des blessés qu'elles avaient elles-mêmes adoptés, mais il a été
encore possible parfois de fournir aux chirurgiens militaires ces
objets de première nécessité sans lesquels la science la plus con-
sommée et la charité la plus grande ne peuvent rien pour le soulagement de ceux qui souffrent. Plusieurs fois, dans le courant
de la campagne, des bandes, des compresses, des gouttières, du
chloroforme, de l'opium, des instruments, nous ont été demandés
par des chirurgiens militaires ; et nous avons toujours considéré
comme un devoir de répondre favorablement à ces appels. C'était,
pour nous, remplir une partie de notre tâche et rester fidèles à
notre programme. Au fort de Joux, par exemple, nous avons
très à propos fourni aux chirurgiens de quoi soulager bien des
malheureux.

Les ambulances internationales n'ont pas du reste suppléé seulement au défaut de matériel médical des ambulances officielles ;
elles ont apporté de plus, au sein des armées, un matériel entièrement étranger à ces dernières ambulances. Celles qui, comme
l'Ambulance du Midi, se sont trouvées en rapport avec des Comités
jaloux de les pourvoir abondamment, ont pu distribuer aux soldats des vêtements et des couvertures de laine, d'un prix inesti-
mable pour des malheureux que dévorait un hiver impitoyable.
Je n'insiste pas sur ce point, que le récit des travaux de l'Ambulance a déjà mis en saillie ; il me suffit d'avoir fait remarquer que
les ambulances volontaires ont joué auprès des armées le rôle de
distributeurs intelligents et méthodiques de ces envois précieux,

qui fussent restés dans les magasins ou eussent été distribués en bloc, par fournées, et par suite souvent sans discernement et sans réelle utilité.

Mais c'est plus encore par leur rôle chirurgical que les ambulances volontaires ont occupé auprès de l'armée une place dont on doit leur tenir compte. On peut affirmer, en effet, que non-seulement elles ont contribué à suppléer à l'insuffisance de nombre des ambulances volantes, mais qu'elles ont aussi (quand elles ont compris leur devoir) joué le rôle de ces ambulances stationnaires, dont l'absence était si regrettable dans nos armées. Quand les ambulances militaires disparaissaient à la suite de leur corps ou de leur division, les ambulances internationales, plus libres et plus maîtresses de leurs mouvements, restaient auprès des blessés, s'organisaient de manière à devenir des centres très-rapprochés d'évacuation, et s'établissaient pour un temps dont la durée était subordonnée au salut des blessés. Cette conduite, tenue par la plupart d'entre elles, tandis que nos armées opéraient des mouvements de retraite si tristement renouvelés, leur a valu de se trouver au milieu des lignes ennemies et de subir pendant un temps plus ou moins long le douloureux contact et les dures volontés de l'envahisseur.

L'Ambulance du Midi, on l'a vu, n'a pas manqué au double rôle que je viens de signaler. Sa division, trois fois renouvelée en deux sections appelées à agir séparément, quoique avec entente, ui a permis de répondre efficacement à cette double mission des ambulances volantes et des ambulances stationnaires.

DES CAUSES D'INFÉRIORITÉ DU SERVICE MÉDICAL DANS L'ARMÉE FRANÇAISE.

Sous peine d'être injuste et de présenter ici des considérations sans portée pratique, il faut rapporter à leur véritable cause les imperfections si évidentes de notre chirurgie militaire en campagne. Je viens donc, après bien d'autres, dire que l'infériorité de notre service de santé a pour cause principale son défaut d'autonomie et sa subordination à l'intendance.

Cette assertion n'est pas nouvelle; elle a déjà été faite et inébranlablement appuyée sur des faits nombreux et très-importants; mais, comme dans notre malheureux pays les idées sages de réforme ont tant de peine à prévaloir, il est du devoir de tous ceux qui ont observé de dire ce qu'ils ont vu, et d'en faire jaillir quelque lumière. C'est le plus sûr moyen de former l'opinion, qui seule est assez puissante pour rompre avec des traditions fâcheuses et vaincre des jugements obstinés.

Quand une armée considérable est en campagne, les obligations de l'intendance sont si graves, si effrayantes même, qu'il est difficile de concevoir que l'on n'ait pas songé à la décharger de l'administration et de la direction des ambulances. Le *primum vivere* se présente ici dans toute sa crudité; et quand il faut trouver du pain, de la viande, des chaussures, des vêtements pour des cinquante, des cent mille hommes; quand il faut faire voyager ces matières encombrantes par des routes sévèrement choisies, à l'abri des surprises de l'ennemi, à travers bien des contre-temps et des obstacles; quand on a sans cesse à redouter de se trouver en face de milliers de soldats auxquels on ne peut donner le pain qui leur est dû et qui détermine souvent le sort d'une bataille; quand, en un mot, on est chargé d'une responsabilité si lourde qu'elle menace constamment de vous accabler, il est facile de comprendre que le soin des blessés et des malades ne puisse dérober qu'une faible place dans les préoccupations de ceux qui ont de si effrayantes charges. Arrivages retardés, transports difficiles et quelquefois impossibles, convois interceptés, plaintes des chefs, murmures des soldats, ne serait-ce pas assez, dans tous les cas, pour exclure des préoccupations aussi graves que celles du service médical de l'armée?

Aussi tous ceux qui, comme nous, ont vu de près les intendants pendant cette malheureuse guerre, ont pu constater que le soin des vivants et des hommes sains les absorbait, et qu'il leur restait bien peu de temps pour songer aux malades et aux mourants.

Cet état moral et cette situation si tendue leur donnaient parfois, vis-à-vis des ambulances volontaires, une attitude singulière et leur inspiraient des prétentions bien irréfléchies. On eût dit qu'une fois entre nos mains les blessés ne faisaient plus partie de l'armée et qu'il n'y avait plus lieu pour l'intendance de pourvoir à leur nourriture. Un de nos souvenirs dit tout à cet égard. Quand, à Villersexel, où il y avait impossibilité absolue de trouver des aliments ailleurs que dans les provisions de l'armée ; quand, dis-je, nous demandâmes du pain pour nous et pour nos malades, à l'intendant du 18e corps, dont nous soignions les blessés mêlés à ceux du 20e, il nous fut répondu que, loin d'avoir le droit de se faire délivrer du pain par l'intendance, nous étions plutôt tenus de lui en fournir. Il fallut des réclamations réitérées et persévé-rantes pour obtenir gain de cause.

On peut deviner, par ce qui précède, que les visites des inten-dants dans les ambulances internationales ont dû être extrême-ment rares. J'ignore si elles étaient plus fréquentes dans les am-bulances militaires ; mais je puis affirmer que, sauf à Bellegarde où les intendants du 20e corps sont venus voir nos blessés, dans au-cune autre circonstance, et particulièrement à l'Isle-sur-le-Doubs, nous n'avons eu la visite des officiers de l'intendance et nous n'a-vons reçu d'eux un témoignage de sollicitude effective pour nos malheureux pensionnaires.

Ces faits-là ont leur signification. Ils peuvent déjà par eux-mêmes démontrer ce qu'il y a de profondément irraisonnable dans la subordination à l'intendance du service médical des armées. Je désire rapporter encore quelques traits qui dissiperont toute incertitude sur ce point.

On a déjà vu, dans la relation historique qui précède, que l'Am-bulance du Midi était arrivée à Villersexel le soir même du jour où les Prussiens en avaient été délogés, et que l'ambulance mi-litaire du 18e corps n'y était arrivée que le lendemain. Quand, le surlendemain, nous reçûmes l'ordre d'évacuer nos blessés sans avoir eu le temps d'améliorer leur situation en pratiquant les opérations indispensables, je me rendis auprès de l'intendant pour le prier de ne pas nous enlever nos protégés. Je fus reçu par des paroles de méfiance et de refus. Le chirurgien en chef de l'ambulance du corps, qui se trouvait avec l'intendant, oublieux de toute confraternité, ne fut pas plus aimable. On suspectait notre dévouement. Blessé d'une pareille attitude, je me donnai la satisfaction de faire remarquer que notre Ambulance, à laquelle on manifestait si peu de confiance, était arrivée près de vingt-quatre heures avant l'ambulance militaire, et qu'elle avait laborieusement pansé tous les blessés dont le soin incombait à cette dernière. M. l'intendant, jaloux de l'honneur de son ambulance, me répondit que c'était lui et non les chirurgiens qu'il fallait accuser de ce retard, puisqu'il avait, de propos délibéré, retardé leur arrivée.

J'acceptai la réponse comme propre sans doute à dégager la responsabilité du personnel médical, mais aussi comme une condamnation du système qui subordonne le corps médical, dont l'œuvre ne s'accomplit que dans le dévouement et l'abnégation, à un corps qui, par la nature même de ses fonctions et par suite des responsabilités qui lui incombent, est naturellement porté à la circonspection et à la prudence.

Le jour où, de l'Isle-sur-le-Doubs, nous allâmes à Arcey chercher des blessés, nous trouvâmes deux ambulances divisionnaires du 24e corps, dont le calme et l'immobilité nous frappèrent dès l'abord. Tandis qu'elles prenaient paisiblement leur repas, le canon grondait dans plusieurs directions et depuis le matin. Je pensai bien que les divisions auxquelles appartenaient ces ambulances n'étaient pas encore entrées en ligne, et je m'expliquai ainsi, quoique imparfaitement je l'avoue, cet excès d'inactivité; mais ma surprise atteignit des proportions indicibles lorsque l'un des majors de ces ambulances m'apprit qu'au contraire leurs hommes prenaient depuis la veille part au combat très-meurtrier qui se livrait devant Héricourt. Je demandai l'explication d'une situation aussi anormale. Il me fut répondu qu'en effet les ambulances n'étaient point à leur poste, mais qu'elles attendaient des ordres de l'intendance, et n'en avaient point reçu: « Nous ne marchons pas sans ordres, me fut-il répondu ; c'est à la fois conforme à la règle et à nos habitudes. En agissant autrement, nous nous exposerions à des reproches et à des ennuis.» Quand on sait combien de victimes firent à l'armée française les batteries prussiennes d'Héricourt, on peut se faire une juste idée de ce qu'il y avait de désastreux dans cet éloignement des ambulances militaires.

Je juge inutile d'ajouter de nouveaux traits à ceux que je viens de tracer. Ceux-ci peuvent suffire à montrer ce qu'il y a de vicieux dans la subordination du service médical à l'intendance. Il est incontestable d'ailleurs que si le corps médical militaire ne dépendait que de lui-même ; s'il était réellement organisé et conduit par un état-major composé d'un personnel exclusivement préoccupé des exigences sanitaires de l'armée ; s'il n'était pas obligé de mendier pour ainsi dire son personnel et son matériel auprès d'une administration forcément distraite par bien d'autres soucis et médiocrement convaincue des nécessités chirurgicales, il est incontestable, dis-je, que le service de santé de nos armées offrirait infiniment plus de ressources et présenterait incomparablement plus de chances d'être bien organisé. Nul mieux que le chirurgien ne sent vivement le défaut de l'outillage qui est nécessaire à la pratique de son art. Quand, en présence des blessés, il se voit sans bandes, sans charpie, sans gouttières, sans moyens de transports, il est, pour peu qu'il ait du cœur et l'amour de sa profession, il est, dis-je, saisi comme d'une sorte de rage ; et j'ai vu un médecin-major de régiment me dire, après avoir reçu de nous les objets et le concours nécessaires pour panser ses blessés, que sans notre assistance et nos libéralités il aurait tant souffert de son impuissance qu'il aurait peut-être attenté à ses jours. Cette expression, exagérée sans doute, d'un sentiment vrai prouve suffisamment que le corps médical serait lui-même le meilleur pourvoyeur de ses ambulances, de même que le sentiment cuisant de son insuffisance en face de l'immensité des besoins serait la meilleure garantie d'une organisation complète et d'une multiplication efficace des détachements médicaux.

D'ailleurs, les relations de l'intendance et du service de santé, au lieu de produire une organisation régulière et uniforme, occasionnaient des inégalités singulières et presque comiques, si elles n'eussent été déplorables. Tel intendant tenait à honneur d'avoir une belle ambulance, tel autre y tenait moins ou n'y tenait pas du tout ; de telle sorte que, selon le caprice des intendants, les divisions, les corps d'armée, étaient pourvus d'une ambulance complète, ou d'un embryon d'ambulance, ou bien encore n'en avaient pas du tout.

Il faut le dire bien haut, le corps médical militaire doit avoir son autonomie ; il doit se gouverner lui-même. En le soumettant à une administration dont les rouages méthodiques et calculés n'ont rien de commun avec la libre allure professionnelle médicale, on lui enlève ce qui fait sa force et sa noblesse, c'est-à-dire sa responsabilité. Au lieu de se pourvoir d'un matériel complet, il attend qu'on lui accorde quelques fourgons mal pourvus et des caissons dégarnis ; au lieu de se grouper convenablement pour les besoins de l'œuvre et pour une coopération nécessaire, il consent à se rendre impuissant en se laissant diviser et isoler ; au lieu de voler, comme il devrait et voudrait le faire, là où il trouverait, avec le péril, l'occasion d'être grandement utile, il attend des ordres et se paralyse, comme si l'action l'importunait et si le dévouement le rebutait.

En agissant ainsi, le corps médical ment à ses traditions intellectuelles et morales ; il ment à l'essence même de sa profession d'initiative et de sacrifice. Il ne peut plus en être ainsi, et ce corps éminemment respectable doit s'organiser sur la base à la fois plus puissante et plus élevée de son autonomie et de sa responsabilité morale.

DES DÉFAUTS DES AMBULANCES VOLONTAIRES ET DES MOYENS D'Y REMÉDIER.

J'ai exposé les vices d'organisation du service médical militaire, et j'ai indiqué de quelle façon les ambulances internationales ont pu combler dans de certaines limites les lacunes qui en étaient la conséquence. Est-ce à dire que ces dernières aient fait non pas tout ce qu'il y avait à faire, mais seulement tout ce qu'elles auraient pu faire? Je ne le pense pas, et, quelque délicate que soit la question, je ne dois pas l'éviter.

Je n'ai aucun jugement particulier à émettre ; je n'aurai pas le mauvais goût de faire des désignations et de dresser des actes d'accusation contre telle ou telle ambulance. Les reproches que je vais formuler s'adressent aussi bien à l'Ambulance du Midi qu'à celles qui ont pu se trouver à côté d'elle. Je n'ai garde de la considérer comme inattaquable et de lui dresser un piédestal aux dépens de ses collaboratrices. Il s'agit ici des ambulances en général, et je désire indiquer en quoi elles ont péché, et quels eussent été les moyens de rendre leur action plus efficace.

Je commence ma critique par un éloge. Les ambulances internationales ont restitué au corps chirurgical sa véritable place. L'ordre rationnel de dignité a été rétabli. Le chirurgien en chef a eu sous sa haute direction le personnel de l'ambulance ; c'est lui qui en a déterminé la marche et fixé les stations, qui a dirigé le service médical et réglé les évacuations, etc. Une administration uniquement chargée de pourvoir aux besoins matériels de l'ambulance, de veiller aux départs et aux installations, de satisfaire aux relations officielles, a été placée auprès du corps chirurgical, non pour lui donner des ordres, mais seulement pour lui venir en aide en le débarrassant de tous les soins matériels et en lui permettant de se consacrer tout entier à l'exercice de son art et aux soins des blessés.

C'est là une première condition qui a eu d'heureuses conséquences, et qui en aurait produit certainement davantage, si l'organisation générale des ambulances avait été complétée.

Disons-le tout d'abord : ce qui a manqué aux ambulances volontaires, c'est une combinaison et une association intelligente de leurs efforts, c'est un état-major général. Chacune d'elles a, je n'en doute pas, cherché à se rendre utile dans son rayon particulier et indépendamment des autres ambulances ; chacune est allée à la recherche des occasions de déployer son activité. Mais elles ont toutes, je l'affirme, rencontré dans l'accomplissement de leur mission des obstacles qui, sans paralyser entièrement leurs efforts, les ont rendus bien moins fructueux.

La difficulté et quelquefois l'impossibilité d'avoir des renseignements précis sur la marche des armées, sur les points où avaient lieu les engagements, sur les localités où se trouvaient des blessés sans secours médicaux, ont été bien souvent, pour les ambulances, la cause d'allées et de venues sans résultats, de manœuvres inutiles. Que d'ambulances se sont ainsi agitées dans le vide, faute d'avoir quelqu'un qui pût leur dire qu'à une faible distance se trouvaient des plaies à panser, des souffrances à soulager !

Il y a eu d'autres causes que cette incertitude, à ce côté défectueux de la conduite des ambulances internationales. L'indécision et le caractère hésitant de la direction de certaines d'entre elles, les ont quelquefois empêchées de saisir de bonnes occasions de se fixer auprès d'un groupe de blessés, et de se vouer à leur service. Ou bien elles croyaient devoir aller à la recherche d'un groupe plus nombreux; ou bien elles avaient le désir de se rapprocher du siége d'événements militaires prévus et considérés comme importants; ou bien encore, car il ne faut pas reculer devant la vérité, il y a eu parfois chez elles un défaut de ton, un certain degré de lassitude et de découragement (si faciles à comprendre dans cette guerre de retraites désastreuses), qui les ont fait reculer momentanément devant les dures conséquences de l'accomplissement de leur mission. Ainsi, quoique la plupart d'entre elles, pour rester fidèles à leurs blessés, aient fait des séjours plus ou moins longs au milieu des lignes ennemies, il faut pourtant avouer qu'elles n'ont pas aussi souvent qu'elles l'auraient peut-être dû, subi cette triste et pénible captivité.

Tout cela eût pu être évité si les ambulances avaient senti auprès d'elles un état-major général composé d'un certain nombre de délégués choisis en partie au moins dans le monde médical, et qui, en laissant, au fond, aux ambulances volontaires leur autonomie et leur initiative, eussent pourtant veillé hautement sur elles et leur eussent servi de direction générale et de soutien.

Le rôle de cet état-major eût été des plus utiles et des plus importants. En relation directe et officielle avec les états-majors militaires, il eût recueilli les renseignements et les eût transmis aux ambulances. Uniquement préoccupé de rechercher les points où se trouvaient des agglomérations de blessés, il aurait convenablement distribué les ambulances dans les lieux où leur concours était réclamé. On aurait évité par là des accumulations momentanées, dans telle ou telle ville, d'ambulances inoccupées ; tandis que dans des localités peu éloignées quelquefois se trouvaient des soldats malades qui n'avaient pas de médecins.

Immédiatement après la retraite de l'armée de la Loire, se rencontrèrent à Bourges huit ou dix ambulances volontaires qui, ayant suivi l'armée, vinrent avec elle attendre dans cette ville des événements ultérieurs. Sans informations précises, ignorant ce qui se passait autour d'elles et la limite probable du séjour de l'armée dans cette ville, ces ambulances se trouvèrent pour la plupart sans installation médicale et sans occupation. Je sais l'impression fâcheuse qui fut produite par ces nombreux képis à croix rouge flânant dans les rues de Bourges. Et pourtant était-ce bien la faute des ambulances si elles se trouvaient inutiles et sans travail? Nous savions que l'armée comptait beaucoup de fiévreux, que son état sanitaire était loin d'être satisfaisant ; mais où saisir ces malades, dispersés la plupart avec les corps auxquels ils appartenaient? Les établissements hospitaliers et autres (lycée, séminaire, sacré-cœur, etc.) étaient à la vérité remplis de malades; mais le Comité des ambulances de la ville avait pourvu à leur service, et, jaloux d'y suffire, il n'aurait pas accepté notre collaboration. Où fallait-il donc se fixer? Dans quelle localité avait-on chance de trouver un nombre de malades suffisants pour occuper une ambulance? Le départ de l'armée n'était-il pas trop prochain pour songer à une installation, et ne risquait-on pas d'arriver trop tard sur le théâtre de la nouvelle campagne qui allait s'ouvrir? Voilà bien des questions qui mettaient à la torture l'esprit des chefs d'ambulance désireux de rendre des services.

Cette situation morale pénible, que créent à la fois le désir d'être utile et l'insuccès des efforts faits pour le devenir, nous l'avons alors sérieusement connue pendant quelques jours.

Nous voulions d'abord nous établir au château de Menetou-

Salon, situé à 20 kilomètres au nord de Bourges, et où le prince d'Arenberg nous offrait la plus complète hospitalité pour nous et pour nos malades. Mais les Prussiens ayant été signalés à Argent, et même, disait-on, à la Chapelle d'Augillon, on nous fit observer que s'ils marchaient sur Bourges, comme on le craignait alors, notre Ambulance serait située précisément entre les deux armées; et que, si les Prussiens n'étaient pas repoussés et continuaient à marcher vers le Sud, nous étions aussitôt englobés dans leurs lignes et immobilisés peut-être pour le reste de la campagne. Le nombre de malades qu'il y avait alors à Menetou ne nous parut pas assez grand pour commander une détermination qui pouvait nous séparer définitivement de l'armée.

Nous essayâmes alors de créer une ambulance de fiévreux à Bourges même. L'intendance nous avait promis des lits et des matelas tant qu'on avait pu craindre l'occupation prussienne de Bourges. C'était un moyen de les neutraliser. Dès qu'on fut rassuré, cette promesse nous fut retirée, et nous dûmes renoncer à notre projet. Le 20e corps étant allé camper à Allogny, à 20 kilomètres au nord-ouest de Bourges, nous nous transportâmes à Saint-Martin-d'Auxigny, qui en était peu éloigné, afin de pouvoir le suivre de près. On songeait alors à se porter sur la Loire du côté de Gien, pour y menacer les Allemands et opérer une diversion qui pût dégager le général Chanzy, contre lequel s'était concentrée toute l'armée ennemie.

Saint-Martin était occupé par le 18e corps. Le général Billot y avait établi son quartier-général, et recevait ce jour même la visite de M. Gambetta, qui fit à l'Ambulance du Midi l'honneur de lui adresser quelques paroles d'encouragement.

Il nous fut impossible de trouver là le moindre local susceptible de servir d'ambulance. Du reste, un courrier que j'avais envoyé à Allogny auprès du général Segard, nous annonça à son retour qu'on renonçait à la marche vers le Nord, que le 20e corps allait rétrograder, et que conséquemment nous pourrions retourner à Bourges, ce que nous fîmes le soir même.

Le 20e corps s'étant porté à quelques kilomètres au sud de Bourges, nous songeâmes alors à établir des ambulances dans cette direction. Mais ce ne fut qu'après bien des démarches, après des courses fréquentes dans les localités occupées par nos troupes, après avoir péniblement recueilli les informations nécessaires pour prendre judicieusement un parti ; ce ne fut qu'alors, dis-je, que, fatigués du poids de notre inactivité, nous nous décidâmes à créer deux ambulances : l'une à Levet et l'autre à Dun-le-Roi. Nous n'eûmes qu'à nous féliciter de cette décision ; mais nous aurions pu la prendre plus tôt, et par conséquent augmenter la somme des services rendus, si un état-major général des ambulances internationales eût fait cesser nos hésitations par des indications et des instructions positives. Il eût mis fin de bonne heure à ces manœuvres sans résultat dont j'ai imposé le récit au lecteur, pour lui faire apprécier l'importance de la réforme que je réclame.

Mais je ne voudrais pas que le rôle de l'état-major général des ambulances se bornât aux renseignements à donner ; je désirerais lui voir une action plus directe et plus intime sur la marche des ambulances. On ne peut nier que dans certaines circonstances des groupes même nombreux de blessés n'aient été, je ne dirai pas abandonnés, mais négligés par des ambulances qui ont cru devoir chercher un autre lieu de station. Pendant que nous étions à l'Isle-sur-le-Doubs, c'est-à-dire après le passage de l'armée française sur le territoire suisse, nous entendions avec une vive peine les chirurgiens prussiens nous dire, avec une intention bien marquée de reproches pour notre chirurgie militaire, qu'à Clerval se trouvaient plusieurs centaines de blessés laissés aux soins de l'unique docteur de la localité ; qu'à Villersexel avaient été également apportés un nombre respectable de blessés auxquels les docteurs du voisinage, accablés de travail, venaient donner quelques soins. Les ambulances internationales n'avaient pourtant pas manqué dans l'armée de l'Est. Comment se faisait-il que des groupes si importants de blessés eussent été laissés de côté ? Il y avait à cela deux causes : la première, que les chefs d'ambulance avaient sans doute ignoré l'existence de ces agglomérations ; et la seconde, plus regrettable, que les ambulances, saisies de vertige dans cette retraite si précipitée et si désordonnée, avaient été emportées par un courant irrésistible vers le territoire neutre, et avaient perdu momentanément la notion précise de ce qu'il leur convenait de faire. Il y avait eu là une sorte d'éblouissement et de tourbillon qui avait tout entraîné. Je le répète encore, la présence d'un état-major général eût évité ces graves imperfections d'une œuvre qui aurait mérité d'être parfaite.

Il eût fallu que ce corps dirigeant, composé d'hommes calmes et fermes, eût pu dire à telle ambulance : «Venez ici, il y a des blessés ! » à telle autre : « Allez là ! » à une autre : « Suivez tel corps ! » à une autre enfin : « Restez ici quoi qu'il advienne, et soyez fidèle à vos blessés ! » De telles invitations, faites avec un esprit sérieux et bienveillant à la fois, eussent eu l'immense avantage de fixer les esprits irrésolus, de raffermir les cœurs troublés et de donner à chacune des ambulances cette direction ferme et courageuse qui ne peut être le résultat que d'un programme bien précisé et d'une mission bien définie.

Pour envisager la question avec toute justice, il convient d'attribuer la direction en apparence irrésolue de plusieurs ambulances à la situation du chef vis-à-vis de son personnel.

La manière dont la plupart des ambulances avaient été recrutées était malheureusement propre à en rendre la direction difficile, en portant atteinte à l'influence et à l'autorité du chirurgien en chef. J'ignore ce qui s'est passé pour les ambulances fondées à Paris au début de la guerre ; mais ce que je sais bien, c'est que les ambulances formées en province par les Comités locaux présentaient des imperfections notables à cet égard. La plupart des jeunes gens qui les composaient étaient parents ou amis des membres des Comités fondateurs ; quelques-uns même (chose plus grave) étaient membres de ces Comités ; beaucoup avaient désiré entrer dans les ambulances sans avoir bien réfléchi aux dures obligations qu'ils contractaient. L'enthousiasme des premiers jours passé, le zèle se refroidissait, l'épreuve paraissait rude, les fatigues excessives, la discipline trop sévère; l'esprit d'indépendance dont notre armée ne donnait que trop l'exemple

se faisait bientôt jour dans ces compagnies où l'autorité du chef
n'avait pas de sanction réelle, et dont la plupart des membres se
croyaient assez appuyés d'ailleurs pour résister aux ordres, ou
du moins pour les éluder. Bientôt naissaient même des ambi-
tions rivales, des prétentions ridicules, des coteries qui rendaient
la direction de la colonie pénible et laborieuse, et qui créaient
pour le chirurgien en chef une situation tendue et très-difficile.
Les chefs d'ambulance qui ont eu à souffrir de ces conflits et des
vices que je signale, pourront dire tout ce qu'ils ont dû dépenser
d'habile fermeté pour mener à bien une œuvre qui avait à sa ra-
cine le ver rongeur de l'indiscipline.

Ces imperfections, moins accentuées dans les petites ambulances, prenaient un développement très-regrettable dans celles
dont le personnel était nombreux. Ce qu'elles devenaient dans
les ambulances formées par l'association de plusieurs Comités et
dont les membres avaient été recrutés dans deux centres différents, je ne le dirai point ; je laisse au lecteur le soin de le deviner.

L'affaiblissement de l'autorité du chef avait naturellement son
contre-coup dans la conduite générale des opérations de l'ambulance, et avait pour résultat de les rendre moins fructueuses.
A la fin de la campagne de l'Est passèrent, dans une localité
où nous étions établis, plusieurs ambulances internationales qui
suivaient le mouvement rétrograde de l'armée. Accablés de travail et ne pouvant suffire aux soins que réclamaient tous nos
blessés, nous proposâmes successivement à deux d'entre elles de
rester auprès de nous et de partager nos fatigues. Les deux chirurgiens en chef acceptèrent sans hésiter notre proposition ; mais
ils durent bientôt nous enlever cette précieuse espérance, car
leurs subordonnés, qui avaient déjà tâté une fois des vexations
de l'occupation ennemie, refusaient de s'y exposer une seconde
fois.

J'ai à peine besoin de faire observer combien la présence
d'un état-major général avec lequel le chef de l'ambulance eût
pu avoir des relations fréquentes, auquel il eût exposé les difficultés de sa gestion et dont il eût reçu l'influence nécessaire

pour les vaincre, eût donné à la conduite des ambulances plus de fermeté et plus de rectitude. Le chef, s'appuyant sur des supérieurs désintéressés et impartiaux, eût moins hésité à exiger de ses administrés ce qu'il avait le droit d'en attendre, et l'eût obtenu sans tiraillements pénibles. Les indisciplinés eussent été soumis, les intrigants et les agitateurs écartés, les ambitieux contenus, et les dépositaires infidèles sévèrement punis.

Tout cela a pu se faire, et tout cela a été fait, mais seulement quelquefois dans une mesure trop faible, et il eût fallu parfois au chirurgien en chef l'appui d'un corps supérieur officiellement reconnu pour donner à ces actes de répression toute l'énergie réclamée par les circonstances.

Un corps composé d'un nombre assez considérable d'individus souvent peu connus les uns aux autres, appartenant à des positions sociales très-diverses, et destiné à se mouvoir et à travailler sur un théâtre aussi agité et aussi périlleux que celui de la guerre, ne peut être efficacement conduit par une demi-discipline et une fraction d'autorité. Les directions paternelles ne sont indiquées que dans une petite réunion d'amis, entre lesquels depuis longtemps il y a eu fusion d'idées; et encore faut-il que les circonstances soient calmes et que le moment n'exige ni décisions promptes ni résolutions énergiques. Les ambulances, on le sait, se trouvent dans des conditions tout opposées ; aussi faut-il songer à assurer et à fortifier par tous les moyens l'autorité de ceux qui sont mis à leur tête.

L'état-major-général des ambulances internationales, revêtu d'un caractère officiel, eût encore rendu de vrais services à ces dernières en les appuyant dans la lutte qu'elles ont eu trop souvent à soutenir contre le mauvais vouloir de l'intendance et des chirurgiens militaires. Par son interposition habile, il eût facilité la marche et l'établissement des ambulances, leur parcours sur les voies ferrées, leur approvisionnement. Il eût encore pu empêcher les évacuations prématurées des blessés, et favoriser les évacuations opportunes. Enfin (et ce n'était point à dédaigner), le relief donné à ce corps d'état-major par le haut mérite de ses membres et la notoriété de leur nom, eût entouré les ambulances d'une atmosphère de considération et de bonne renommée qui leur a manqué quelquefois et eût fermé la bouche des malveillants et des calomniateurs.

DU PERSONNEL DES AMBULANCES VOLONTAIRES.

L'expérience qui vient de se faire des ambulances internationales, a permis de juger des conditions de nombre et de composition qui sont les plus favorables à leur bon fonctionnement.

Au début de la guerre, partirent de Paris des ambulances dont le personnel comprenait une centaine de membres environ. Après l'investissement de la capitale, il fut créé en province un certain nombre d'ambulances composées de 40, 50 et jusqu'à 70 ou 80 personnes. L'Ambulance du Midi comptait, comme on l'a vu, 43 membres lors de son départ. C'était trop, la moitié aurait suffi.

On s'est aperçu bien vite, en effet, de ce qu'avait d'embarrassant, d'encombrant, de difficile à discipliner et à conduire une colonie si nombreuse. Plus le nombre des membres est grand, et plus le choix en est difficile; plus aussi on a de chances de ne pas avoir toujours la main heureuse et d'introduire la brebis galeuse dans la bergerie. Pour constituer un personnel nombreux, on est obligé d'en demander les éléments à des milieux très-variés, entièrement étrangers les uns aux autres, et l'on crée ainsi un tout sans cohésion, toujours près de se désagréger. Du reste, le travail et la responsabilité sont trop divisés, trop éparpillés; la conscience du bien à faire s'affaiblit en se répandant sur un si grand nombre de têtes, et il en résulte qu'une ambulance nombreuse, qui nécessite une dépense considérable, finit par faire moins qu'une petite ambulance. Ici, chacun a le sentiment qu'il lui incombe une part si importante du fardeau, qu'il ne peut songer à la déposer sur les épaules de son compagnon déjà chargé comme lui. Chacun est un rouage utile, important, presque indispensable, et chacun tient à favoriser de tout son pouvoir le travail de l'ensemble.

Je reste donc convaincu, et l'expérience me l'a prouvé, qu'une ambulance peu nombreuse, composée d'un personnel bien choisi, homogène, animé d'un même esprit, ayant une sérieuse confiance en son chef, et désireux de maintenir la discipline, produirait, avec de faibles ressources pécuniaires, un travail utile que n'ont peut-être pas atteint ces grandes caravanes d'où il a été bien difficile (je ne puis en douter) d'exclure la paresse, l'indiscipline et le gaspillage, pour ne pas dire plus.

Ce sont là des faits d'expérience, et je dirai avec sincérité et avec toute justice que la petite colonie qui m'a suivi à l'Isle-sur-le-Doubs, et à laquelle je dois reconnaître les qualités que j'énonce plus haut, a vraiment accompli des prodiges de travail qui m'étonnent toutes les fois que je reporte mon esprit sur cette période de notre vie d'ambulance. Je ne doute pas, du reste, que le major Ménecier ne puisse en dire autant de la section à la tête de laquelle je l'avais placé.

Les ambulances volontaires doivent donc être composées d'un petit nombre de membres ; mais il s'en faut qu'il convienne de faire porter indifféremment la réduction que je conseille sur toutes les parties du personnel. Il n'y a jamais trop de chirurgiens capables d'opérer et de diriger le traitement des blessés. L'Ambulance du Midi a péché sous ce rapport : les chirurgiens y étaient relativement trop peu nombreux ; aussi avons-nous eu un travail au-dessus de nos forces et surtout au dessus du temps, dont la mesure est inflexible.

Il faut trois aides par chirurgien, mais de vrais aides, c'est-à-dire des étudiants sérieux et avancés dans leurs études médicales. Quant aux infirmiers, trois ou quatre suffiront en tout, pourvu qu'ils soient intelligents, dévoués et fidèles. C'est là un côté par lequel la plupart des ambulances ont gravement péché. Il y a eu trop d'infirmiers, et (sauf de très-honorables exceptions) quels infirmiers ! Les habitants du pays qui est le théâtre de la guerre offrent spontanément et gratuitement leur aide, et dans tous les cas ils sont trop heureux de gagner ainsi une faible rétribution et d'acquérir, en soignant les blessés, un certain degré de neutralisation. Ces infirmiers temporaires, souvent mieux choisis et plus honnêtes, ont l'avantage précieux de n'occasionner quelques frais que pendant les périodes d'activité de l'ambulance, tandis que les infirmiers enrôlés pour la campagne constituent une charge constante pour la caisse, un souci continuel pour la direction morale, un embarras et une cause de retard pour la marche et les transports rapides. Deux ou trois suffisent pour servir de guides et d'instructeurs aux infirmiers temporaires.

Il conviendra donc, à l'avenir, de diminuer le personnel des ambulances volontaires en retranchant le plus possible du *personnel de service*, sans toucher au personnel médical. Il faut avoir en vue la suppression aussi complète que possible de toute la partie du personnel que l'on peut recruter facilement sur place, et qu'il y a avantage à renvoyer dès qu'on n'a plus besoin de lui. C'est là un principe qu'il sera, je crois, fort utile de faire prévaloir.

Mais s'il est bon, s'il est désirable que le personel des ambulances volontaires soit peu nombreux, il est peut-être plus désirable encore que le nombre de ces ambulances soit aussi multiplié que possible. Un essaim de petites ambulances, convenablement distribuées et utilisées par un état-major général renseigné sur les besoins médicaux de l'armée, eût rendu des services incalculables. Leur nombre et leur mobilité eussent permis de les diriger vers tous les points où se préparaient des rencontres de quelque importance, et l'on n'eût pas vu aussi souvent des groupes assez nombreux de blessés ou de malades abandonnés sans soins, après le passage de l'armée, dans des localités dépourvues de tout secours médical et pharmaceutique.

Quand, vers le 6 ou 7 janvier, je me rendis de Besançon à Villersexel à la recherche de la première section de l'ambulance, je m'arrêtai quelques heures à Montbozon. Le 20e et le 18e corps avaient traversé ce petit village, situé sur les bords de l'Oignon, et y avaient laissé dans les salles des écoles une cinquantaine de soldats sérieusement malades : il y avait des varioles, des fièvres typhoïdes, des pneumonies, des bronchites graves, des dysenteries, etc.; par contre, il n'y avait ni médecin ni pharmacie.

Le maire, que je vis pour lui demander des renseignements sur l'Ambulance du Midi, qui du reste n'était pas passée là, se plaignit amèrement de l'abandon dans lequel l'intendance avait laissé ces pauvres malades. Le village avait été à plusieurs reprises visité et occupé par les Allemands qui en avaient détruit le pont sur l'Oignon, et dont les inscriptions à la craie se lisaient sur toutes les portes. D'autre part, plusieurs corps de l'armée française venaient de se succéder dans la localité et en avaient épuisé les dernières ressources. L'intendance n'avait laissé ni pain, ni viande, ni légumes, ni remèdes, ni chirurgien ; et tout restait à la charge d'une petite localité, dépouillée, ruinée, sans médecin et sans pain ! Je visitai ces pauvres malades, entassés sur de la paille dans un local relativement très-petit ; mais, seul et sans moyen de leur venir en aide, j'eus la douleur de ne pouvoir leur donner que des témoignages de sympathie.

Ce fait n'est malheureusement pas isolé dans mes souvenirs ; bien d'autres semblables pourraient trouver place à côté de lui, soit pour accuser l'intendance, soit pour démontrer la nécessité de la création d'un nombre considérable de petites ambulances, qu'un corps directeur détacherait successivement dans tous les points où il y aurait des besoins à satisfaire.

LES AMBULANCES VOLONTAIRES ET L'ARMÉE FRANÇAISE.

Les pages qui précèdent ont déjà fait connaître une partie des causes qui ont donné aux ambulances volontaires une position quelquefois équivoque, et ont nui à leur considération vis-à-vis de l'armée. Je dois compléter mes observations sur ce sujet et parler avec une entière franchise.

L'attitude de l'armée vis-à-vis des ambulances volontaires n'a pas toujours été bienveillante. J'en ai été péniblement frappé, d'autres chefs d'ambulances m'ont communiqué des impressions identiques à cet égard. Les soldats, même bien portants, avaient parfois des égards pour nous, pas toujours cependant ; mais il n'y avait rien d'étonnant à cela, puisqu'ils étaient sans respect vis-à-vis de leurs chefs. Nous avions plus à nous plaindre des officiers, qui auraient dû mieux comprendre l'importance et le caractère de notre rôle. Les soldats blessés nous témoignaient de la reconnaissance. Parmi eux, les ingrats étaient l'exception ; parmi les officiers, ils constituaient la généralité. Peu d'entre eux, en effet, nous ont chaleureusement serré la main après avoir reçu de nous des soins pénibles et prolongés.

Nous avons cherché à nous rendre compte de ce discrédit, extrêmement pénible pour ceux d'entre nous qui avaient été conduits là par la conscience d'un grand devoir à remplir, et qui s'efforçaient d'être dignes de la mission qu'ils s'étaient donnée.

Avant la campagne de l'Est, plusieurs ambulances volontaires, la première Ambulance lyonnaise, l'Ambulance de Mulhouse, l'Ambulance du Midi, s'étant rencontrées à Châlon-sur-Saône, il y eut une conférence de leurs chirurgiens pour examiner quelles pouvaient être les causes de l'attitude des militaires à notre égard, et quels seraient les moyens de la modifier favorablement. Nous reconnûmes que la situation tenait à l'ensemble de deux séries de causes, dont les unes provenaient de l'armée, et dont il fallait faire remonter les autres aux ambulances elles-mêmes.

Dans l'armée, le sot esprit qui fait regarder d'un œil dédaigneux tout ce qui n'est pas revêtu de l'uniforme militaire, les habitudes d'indiscipline, l'indifférence produite par la lassitude et le découragement, l'égoïsme et l'irritation développés par les fatigues et les privations prolongées, le mécontentement profond et l'impatience qui succédaient naturellement à nos continuels revers, une sorte de jalousie de l'indépendance et de la liberté relatives dont jouissaient les ambulances volontaires, telles étaient les causes plus ou moins inconscientes, plus ou moins accentuées, qui contribuaient à indisposer les militaires et particulièrement les officiers contre le personnel des ambulances internationales.

D'autre part, les ambulances étaient loin d'être innocentes. J'ai déjà révélé une partie de leurs torts. Elles avaient quelquefois hésité en face du devoir ; elles avaient aussi, quoique rarement, subordonné certains de leurs actes à une question de bien-être et de commodité ; elles n'auraient pas toujours été présentes quand on aurait pu les désirer. C'étaient là de vrais torts, capables de nuire à leur réputation, mais que ne partageaient que trop les ambulances militaires. La direction supérieure et ferme d'un état-major général des ambulances eût fait disparaître ces torts, en les rendant impossibles.

Mais il y avait un vice plus grand, plus sérieux et qui, infiniment plus que tout autre, était fait pour aigrir ceux qui faisaient réellement la guerre et qui, au lieu de panser les blessures, étaient appelés à les faire et à les recevoir : c'était la présence dans les ambulances d'un nombre de membres que leur âge, leur santé, leur condition civile, et surtout leur caractère absolument étranger à la profession médicale, eussent dû appeler sous les drapeaux. Disons-le tout haut, l'intérêt personnel avait su trouver place dans cette œuvre de dévouement.

Que des docteurs, que des étudiants en médecine avancés dans leurs études et capables de rendre réellement plus de services dans une salle de blessés que dans les lignes des combattants, fussent entrés dans les ambulances pour y faire fructifier leurs connaissances acquises, c'était bon, c'était juste, c'était désirable même; personne ne pouvait avoir le droit ni la pensée de s'en étonner. Mais les ambulances étaient devenues le refuge d'un certain nombre de jeunes gens dont le devoir était plutôt de porter les armes que de la tisane, et qui n'avaient vu dans cette entreprise qu'un moyen heureux de s'exposer à moins de dangers. La présence de ce personnel interlope des ambulances, qu'aucune connaissance spéciale, qu'aucune aptitude particulière n'appelait dans leur sein plutôt que dans l'armée, et qui heureusement n'en constituait qu'une partie restreinte, avait suffi pour susciter dans l'armée cette déconsidération si regrettable du personnel des ambulances.

Le décret du ministre de la guerre du 31 décembre 1870 eut l'intention de détruire cet abus. Il déclarait, en effet, qu'aucune personne âgée de moins de 40 ans ne pourrait faire partie d'une ambulance volante ou sédentaire, à moins d'avoir son diplôme de docteur ou un minimum de seize inscriptions. Mais ce décret arriva trop tard : les ambulances étaient formées et fonctionnaient depuis longtemps. Leur personnel resta ce qu'il était, parce qu'il n'y avait aucune autorité supérieure pour faire exécuter le décret, ce qui d'ailleurs eût présenté de véritables inconvénients au milieu du tourbillon de la campagne. Ce décret demeura donc lettre morte. Au reste, l'effet moral était depuis ongtemps produit auprès de l'armée, et il était trop tard pour songer à l'effacer.

Il devait pourtant résulter de ce fait un enseignement pour l'avenir : c'est que toute personne appelée par la loi à faire partie de l'armée, devait être sévèrement exclue du personnel des ambulances volontaires. La justice et le respect de la loi l'exigeaient, aussi bien que le soin de la dignité et de la bonne réputation de ces ambulances.

Telle était la situation des ambulances vis-à-vis de la partie militante de l'armée. Je l'ai caractérisée en même temps que j'en ai recherché les causes. Il sera, pour moi, à la fois plus délicat et plus pénible de montrer et d'expliquer l'attitude des chirurgiens militaires vis-à-vis des ambulances volontaires. Mais j'ai résolu de tracer ici fidèlement tous les traits généraux de la vie des ambulances internationales, et je désire, quoiqu'il m'en coûte, le faire complètement. Je me permettrai seulement d'être bref et d'esquisser plutôt que de peindre.

Il y a eu, en général, peu de sympathie de la part des chirurgiens militaires pour les ambulances internationales. Cette institution nouvelle, qu'ils avaient le tort de regarder comme une puissance rivale, avait médiocrement le don d'éveiller en eux des sentiments de bonne confraternité. C'était une faute, et dont je ne chercherai pas à les laver. Le corps médical militaire eût certes manifesté plus d'élévation dans les vues, plus de sincère attachement pour les victimes de la guerre, et plus de vraie noblesse, si, au lieu de voir d'un œil boudeur et parfois malveillant les ambulances internationales, il les eût accueillies avec faveur comme un secours précieux, comme une aide utile, comme un moyen de suppléer à son insuffisance, qui n'était que trop réelle. Si la chirurgie militaire avait su, par des témoignages d'estime

et de confiance, s'associer la chirurgie volontaire, il serait sans
aucun doute résulté de leur alliance et de leur appui réciproque
un échange de services qui aurait très-heureusement influé sur le
bien-être des blessés ; mais malheureusement il n'en a pas été
ainsi. Les chirurgiens militaires se sont tenus éloignés de nos
ambulances, et ont affecté de ne pas les connaître et même de
ne pas les apercevoir. Ils ne leur ont ni donné des indications utiles
et des conseils de l'expérience, ni fait des observations opportunes.
Tout cela eût été rendu acceptable par les manières et le ton d'une
bonne confraternité ; et tout cela eût été accepté si l'on eût pris
la peine de faire comprendre que l'on se considérait comme compagnons et ouvriers dans une même carrière de bienfaisance. Il
eût fallu du sérieux et de l'abandon, il y a eu de l'enfantillage
et de la raideur ; et les ambulances volontaires ont rendu méfiance pour méfiance.

On ne m'accusera pas, je l'espère, d'avoir voulu flatter les
ambulances internationales en laissant dans l'ombre leurs côtés
faibles. J'ai la prétention d'avoir fait preuve de franchise. Eh
bien ! cette franchise même me donne le droit de dire hardi-
ment que, malgré leurs défauts, les ambulances internationales
ont rendu à l'armée des services éminents, et que celle-ci a été
souverainement injuste dans l'appréciation générale qu'elle a paru
porter sur elles. J'ai longuement parlé de ces services, et je considère comme de bon goût de ne pas y revenir ; mais je veux
dire qu'il est tout au moins étonnant qu'on ait émis des jugements
sévères sur une œuvre très-complexe, très-difficile, périlleuse
même, qui paraissait sur la scène pour la première fois et qui
tentait ses premiers essais[1]. Quand on songe aux défectuosités que

---

[1] Il est bien entendu que je viens d'exprimer ici des faits généraux auxquels il nous a été possible de noter de très-honorables exceptions. Elles
nous ont paru doublement précieuses, et je suis heureux de déclarer que
l'état-major du 20ᵉ corps n'a eu pour notre ambulance, et pour les ambulances en général, que des procédés d'une bienveillance toute spéciale.
Je me plais à citer les noms des généraux Crouzat et Clinchant, qui ont
successivement commandé le 20ᵉ corps, du général Ségard, commandant
la 3ᵉ division, du colonel d'état-major de Varaigne, du capitaine d'état-
major Mallet, etc. Qu'il me soit permis d'ajouter à ces noms celui du Dʳ

présente notre organisation médicale militaire, à laquelle n'ont certes manqué ni les conseils, ni l'expérience, ni le temps, ni l'occasion pour se perfectionner, loin d'être porté à émettre sur les ambulances volontaires un jugement défavorable, on est plutôt en droit de s'étonner qu'une œuvre si spontanée, si jeune, si naïve, dirais-je, n'ait pas présenté plus de défauts et prêté le flanc à plus de critiques.

PROJET D'ORGANISATION DES AMBULANCES VOLONTAIRES.

Pour résumer toutes les considérations qui précèdent et leur donner une portée pratique, je crois donc qu'il conviendrait de décider :

1° La constitution d'un état-major général des ambulances volontaires, destiné à avoir la haute direction des ambulances.

Cet état-major pourrait être composé d'un délégué supérieur qui serait directement en rapport avec le grand-quartier général, et d'autant de délégués qu'il y aurait de corps d'armée. Chacun des délégués s'occuperait plus particulièrement de la conduite des ambulances auprès du corps auquel il serait attaché.

2° La réduction du personnel des ambulances, que je voudrais voir fixé à 24 membres au plus, et pouvant se dédoubler facilement, ainsi que le matériel en deux groupes ou sections de 12 membres.

Il y aurait 4 chirurgiens, dont un chirurgien en chef, 10 aides-chirurgiens, 1 pharmacien et 1 aide-pharmacien, 2 aumôniers et 4 infirmiers, 1 administrateur et 1 comptable.

3° La multiplication de ces petites ambulances.

Quant au mode de formation des ambulances volontaires, je demeure convaincu qu'il y a tout avantage à en laisser le plus possible l'initiative aux Comités locaux, *sous la surveillance et*

Barbier, chirurgien-major du 47e régiment de marche, qui, loin de suivre les errements de ses confrères, a été, pour l'Ambulance du Midi, un utile conseiller et un véritable ami. Les uns et les autres, par les encouragements moraux qu'ils nous ont donnés, nous ont aidés à faire du bien, et il leur en revient une part qui, pour être ignorée d'eux, n'en a pas moins sa valeur.

avec le contrôle supérieur des délégués régionaux du Comité central. Les Comités locaux sont mieux placés que le Comité central pour faire autour d'eux, et parmi les hommes qu'ils connaissent directement, un choix convenable des membres de leur ambulance.

D'ailleurs, en dehors même des raisons de conscience sur la réalité desquelles on ne saurait émettre un doute, les Comités auraient encore, pour faire de bons choix, des raisons de succès et de légitime amour-propre. Tout Comité fondateur d'une ambulance tiendrait beaucoup à la voir marcher dans une bonne direction et s'entourer d'une honorabilité méritée. D'autre part, les membres d'une ambulance ainsi composée, placés devant l'aréopage de leurs concitoyens et d'hommes dont ils sont personnellement connus, sentiraient plus vivement leur responsabilité, et conduiraient plus scrupuleusement leurs actes que s'ils n'avaient à comparaître que de très-loin devant un Comité central, qui risque de paraître trop haut placé pour atteindre les petits, et qui, comme le préteur de Rome, semble ne pouvoir veiller aux détails. Enfin, une ambulance fondée par un Comité local devient pour lui une grande source d'intérêt et un puissant stimulant. Il crée pour elle des ressources qu'il n'eût pu obtenir de l'indifférence, et fait avec abandon des sacrifices qui lui eussent, dans tout autre cas, paru exorbitants.

L'ambulance dont je parle ici étant l'unique préoccupation de ce genre pour le Comité fondateur, aura donc bien des chances d'être abondamment pourvue et régulièrement ravitaillée. Un Comité central, qui doit veiller à l'entretien de nombreuses ambulances, ne peut avoir certainement pour chacune d'elles la sollicitude, et je dirai presque la tendresse paternelle, d'un Comité local pour son ambulance. L'Ambulance du Midi peut fournir une preuve de ce que j'avance. Les deux Comités fondateurs et les Comités particuliers qui se trouvaient en rapport avec elle ne lui ont rien laissé à désirer, et toutes les fois que les communications ont été possibles, les envois les plus précieux lui ont été faits. Elle n'a eu aucune demande à adresser, et les offres ont toujours précédé la naissance des besoins. Il lui a suffi d'accepter, et encore a-t-elle dû souvent refuser, pour éviter l'encombrement et la surcharge.

Il est donc utile, je crois, de favoriser la création des ambulances par les Comités locaux ; mais, je le répète, *sous la haute surveillance du Comité central et avec le contrôle supérieur des délégués régionaux relevant de ce Comité.* C'est là une combinaison qui me paraît propre à réunir les avantages d'une centralisation intelligente à ceux d'une décentralisation raisonnable, et d'éviter les abus qui proviennent fatalement de l'excès de l'une ou de l'autre.

Une fois les ambulances convenablement organisées, il reste encore une question importante à traiter : c'est celle de leurs rapports avec l'intendance. Une partie de ces rapports a été réglée par le décret du 31 décembre 1870. Aux termes de l'article 2 de ce décret, « les ambulances volantes nationales ou étrangères, une fois accréditées, devront se mettre à la disposition du général et de l'intendant en chef de l'armée, lesquels, de concert avec le délégué du Conseil supérieur (de la Société internationale), leur assigneront le point où leur concours devra plus particulièrement s'exercer ».

J'ai déjà dit ce qu'il fallait penser de l'ingérance des intendants dans la direction des ambulances. Je ne crois pas avoir besoin d'y revenir, et je me borne à répéter que les ambulances internationales, une fois reconnues, devraient être soumises à la direction de leur état-major général, qui serait lui-même en rapport avec le général en chef, les généraux de corps d'armée et les généraux divisionnaires, pour connaître d'eux, d'une manière précise, les points sur lesquels il importerait de diriger des secours médicaux.

Il est un autre point sur lequel il est indispensable qu'on s'explique et qui doit être clairement stipulé : les ambulances ont-elles le droit de réclamer de l'intendance des vivres de campagne, à titre de prêt, bien entendu, et sauf règlement de comptes, toutes les fois que les circonstances les empêchent de pourvoir à leur subsistance ? La réponse affirmative se présente si bien

comme juste et rationnelle que, soit de bon gré, soit à contre-
cœur, les intendants ont toujours fini par satisfaire à nos deman-
des, quand, ce qui est arrivé quelquefois, nous nous sommes
trouvés dans le besoin. Mais comme ce n'est pas toujours sans
difficultés que nous avons obtenu le nécessaire, je réclame, au nom
des ambulances internationales, la consécration de leur droit, que
je considère comme indiscutable. Il n'est pas possible en effet
de contester le droit de vivre à des hommes qui, dans un but
philanthropique, sont venus de leur propre mouvement se soumettre à toutes les misères de la vie de campagne ; et quel est
l'intendant qui oserait se réserver le droit de leur refuser le pain,
alors qu'il se trouve le seul possesseur de ce précieux aliment ?
Poser ainsi la question, et c'est la vraie manière de le faire, c'est
aussi la résoudre.

DE L'AVENIR DES AMBULANCES VOLONTAIRES.

Avant de clore ces réflexions générales sur les ambulances, il
est opportun de poser une question qui les domine toutes, et
dont la solution pourrait rendre moins utiles les réformes que je
viens de discuter. Faut-il songer, pour l'avenir, à renoncer aux
ambulances volantes volontaires, et organiser la chirurgie militaire de manière à rendre leur concours inutile ?

Le besoin d'une réorganisation radicale de notre chirurgie
militaire ne peut être l'objet d'un doute. Il n'est pas douteux non
plus que cette réorganisation bien faite et largement comprise
serait d'une très-grande utilité et rendrait à l'armée des services
plus constants, plus assurés, plus réguliers que ceux qu'elle peut
attendre des ambulances volontaires. Si le nombre des chirurgiens
et les ressources matérielles des ambulances militaires étaient
augmentés dans de grandes proportions, et si l'on établissait une
distribution intelligente de ces ressources en personnel et en matériel, on peut dire que la plus grande partie des besoins médicaux de l'armée seraient satisfaits dans les circonstances ordi-
naires.

Ces résultats, qui n'ont contre eux que les dépenses considérables qu'ils comportent, pourraient en définitive être atteints sans accroître en temps de paix le budget médical de l'armée. Si, comme tout le fait présumer, la France adopte le système militaire prussien, c'est-à-dire si tout citoyen valide est tenu, pendant une période déterminée de sa vie, de faire partie de l'armée, il resterait entendu que tous les médecins civils compris dans les limites d'âge réglementaires seraient appelés de droit à faire partie des ambulances de l'armée. Pendant la paix, les chirurgiens militaires proprement dits suffiraient au service de santé, et quand, la guerre éclatant, le nombre des soldats serait considérablement augmenté par l'appel de plusieurs bans, les médecins civils qui rentreraient dans les catégories appelées, prendraient place à côté des chirurgiens militaires pour remplir les cadres très-larges d'une organisation complète.

Cette combinaison, en constituant pour les médecins une situation exceptionnelle, aurait peut-être l'avantage d'encourager les études médicales en France, et de multiplier le nombre des docteurs, que l'on sait être très-insuffisant.

On pourrait donc obtenir par là, comme on l'a fait en Prusse, un nombre convenable de chirurgiens militaires. Mais quand on pense à l'immensité des besoins que crée la guerre; quand on a éprouvé quelle disproportion désespérante il y a, le jour d'une bataille, entre les secours même les plus abondants et l'immensité des besoins, on est d'avis qu'il n'y a jamais trop de soulagement pour tant de douleurs, et qu'à côté des ambulances militaires il est sage de laisser subsister et même d'encourager les ambulances volontaires.

Elles ne trouveraient que trop l'occasion de se rendre utiles, et elles pourraient surtout très-heureusement et très-opportunément remplir le rôle d'ambulances stationnaires, qui s'échelonneraient sur les derrières de l'armée au fur et à mesure que se formeraient des groupes de malades et de blessés incapables de la suivre. Les chirurgiens militaires, informés par le délégué, de leur présence et du lieu de leur station, pourraient diriger vers ces ambulances leurs évacuations.

Le maintien des ambulances volontaires présenterait du reste un avantage digne d'attention pour les hommes de cœur et de talent, désireux de faire quelque chose pour leur pays dans la rude épreuve de la guerre, et que leur âge, leurs goûts ou d'autres conditions tiennent éloignés du service militaire. Il leur serait ainsi permis de s'employer comme chirurgiens ou comme infirmiers, au soulagement des victimes de la lutte.

Je pense donc que, quelque complète que soit à l'avenir l'organisation du service médical militaire, il y aura toujours place pour les ambulances volontaires, et qu'il faut en maintenir le principe, en leur appliquant une sage réglementation.

RESPECT ET VIOLATION DE LA CONVENTION INTERNATIONALE DE GENÈVE.

La campagne de France vient de fournir la première et triste occasion de faire une expérience, malheureusement bien longue, des statuts de la Convention de Genève. Il est du devoir de tous ceux qui ont contribué à cette expérience ou qui ont pu la suivre de près, de faire connaître leurs observations pour aider au perfectionnement d'une institution si élevée. J'ai déjà rempli une partie de cette tâche. Il me reste, pour l'achever, à parler du degré de respect et des violations dont les articles de la Convention ont été l'objet.

Je n'ai pas l'intention de rapporter ici tout ce que j'ai pu entendre dire là-dessus à des témoins d'ailleurs très-sérieux et très-dignes de foi ; il leur appartient de le raconter. Je me bornerai à ce dont nous avons été nous-même les témoins, et dont nous pouvons affirmer personnellement l'exactitude. Chacun doit être le narrateur des faits qu'il a vus, et c'est de l'ensemble de ces observations, qui pourront présenter de très-grandes différences entre elles, qu'il sera permis de tirer des conclusions générales.

Les deux armées ennemies se sont mutuellement reproché des violations de la Convention de Genève. J'ai entendu formuler ces accusations des deux côtés, et j'ai pu remarquer que des deux côtés c'étaient les mêmes griefs qui étaient articulés. Voici quels étaient ces griefs principaux :

On accusait l'armée ennemie de ne pas respecter le brassard neutralisateur, et de tirer sur les chirurgiens et les membres des ambulances qui en étaient porteurs. Les deux armées se reprochaient également l'une à l'autre de ne pas épargner les ambulances, et de ne pas tenir compte du drapeau blanc à croix rouge. Ces reproches avaient quelque fondement. Mais le mal qu'ils révélaient était rendu inévitable, tant par la nature des choses que par l'abus qui avait été fait, de part et d'autre, de l'insigne de la neutralisation. Il serait absurde d'exiger que, dans le feu de l'action, les combattants, dont toutes les facultés sont partagées entre l'ardeur de l'attaque et l'appréhension des coups de l'ennemi, s'appliquassent à discerner le personnel des ambulances dans le but de les ménager. J'ai entendu un chirurgien en chef d'état-major prussien reprocher vivement aux troupes françaises de ne pas tenir compte du brassard. Il en donnait pour preuve, qu'à Forbach, nos soldats avaient tiré sur lui « *comme sur un gibier* », tandis qu'éloigné de 400 mètres seulement il était descendu de cheval pour relever un blessé. Je fis observer à mon interlocuteur qu'à cette distance son brassard pouvait bien ne pas avoir été aperçu, et que c'était bien se presser, que de porter une accusation aussi grave.

Il est incontestable que bien des faits de cet ordre se sont produits et ont servi de base à des accusations exagérées, que les armées ennemies se sont plu à généraliser et à présenter sous une forme absolue. Mais il est incontestable aussi que l'abus coupable et mensonger qui a été fait de l'insigne de la Société internationale, a été cause de bien des violations de la Convention de Genève. On sait, en effet, et nous l'avons vu, que, tant dans l'armée française que dans l'armée allemande, le drapeau à croix rouge a souvent servi de pavillon protecteur à des fourgons ou à des édifices renfermant tout autre chose que du matériel ou du personnel d'ambulance. La connaissance de ces faits a déterminé de part et d'autre une certaine affectation d'indifférence pour le drapeau international, et même dans quelques cas une certaine irritation qui le rendait le point de mire du feu ennemi.

M'étant rendu, avec M. J. de Seynes, pour une communication importante, chez un général de corps que l'on savait peu bienveillant pour les ambulances volontaires, nous eûmes la tristesse d'entendre un officier d'artillerie dire carrément, en présence du général et de plusieurs officiers d'état-major, que ses premiers coups étaient toujours pointés sur les drapeaux blancs à croix rouge. La raison d'une façon si cavalière de procéder était tirée de ce que les insignes de la Société internationale, et le brassard en particulier, avaient servi de sauf-conduit et de passeport aux espions ennemis. Le général, qui appuya fortement cette accusation, lui trouvait assez de valeur pour qu'elle dût entraîner la suppression de la Convention de Genève. Il ajouta, du reste, pour achever le paradoxe, que l'abondance de secours médicaux était une cause de lâcheté pour une armée; que les soldats d'autrefois, assurés que, s'ils étaient blessés, ils périraient sans secours sur le champ de bataille, se défendaient avec acharnement, tandis que nos soldats, certains d'être entourés de soins s'ils recevaient une blessure, ne sentaient pas le besoin de faire une défense désespérée et fuyaient devant l'ennemi. « Les ambulances efféminent l'armée, et lui ôtent son énergie virile. » Telle était l'opinion d'un officier supérieur de l'armée française.

Je n'ai pas besoin de dire que ce n'est pas sans protester que nous entendîmes des propositions si contraires au sens commun. Nous n'eûmes, pour y répondre, qu'à rappeler combien, dans l'armée prussienne, pourtant victorieuse, les secours médicaux étaient supérieurs à ceux qu'il y avait dans notre armée. Nos malheurs militaires et la défection de nos soldats étaient dus à bien d'autres causes que celle qu'invoquait le général, et il fallait bien naïvement se mettre un bandeau sur les yeux pour chercher une cause de faiblesse de l'armée dans la richesse de ses ressources chirurgicales.

Quant au fait d'espionnage, il est vrai que les insignes de la Société de secours aux blessés ont fréquemment servi à le favoriser. Nous avons pu en acquérir la preuve; mais il est vrai également que les autorités militaires françaises n'ont rien fait pour se prémunir contre un abus aussi redoutable.

La conversation que je viens de rapporter plus haut avait pré-

cisément pour occasion un fait d'espionnage. Deux personnages
à képis avec croix rouge et porteurs d'un brassard, se présentèrent
à nous, par une soirée obscure, dans un village que l'armée française venait d'enlever à l'ennemi. Ce dernier était à une faible
distance, et on pouvait apercevoir ses éclaireurs à quelques kilomètres sur la lisière d'une forêt. Ces deux personnages, venant
nous offrir des objets de pansement, nous surprirent tellement
par leur conversation singulière et par les contradictions continuel-
les de leurs propos, que nos soupçons furent bientôt éveillés. Les
réponses embarrassées qu'ils firent à nos interrogations inten-
tionnées les confirmèrent pleinement. Un trouble profond se manifesta bientôt dans leurs manières et dans leurs actes, et, invités
à partager notre repas après nous avoir déclaré en arrivant qu'ils
avaient grand faim, ils s'esquivèrent, sans toucher aux plats,
bientôt après le début du souper. Tout cela nous parut suspect.

Prévenus d'ailleurs dès le matin par le maire d'une localité
voisine que deux individus douteux circulaient dans le pays, nous
crûmes qu'il était de notre devoir d'aller avertir le général du
corps d'armée qui occupait la position, et qui avait succédé là au
20e corps. Notre communication fut accueillie poliment sans
doute, mais avec une indifférence marquée, et il nous fut répondu
qu'on se souciait peu des espions. « Mes dispositions sont prises;
les espions peuvent aller dire aux Prussiens ce qu'ils ont vu. J'en
serais bien aise, et je suis prêt à recevoir ces derniers. » Il était
facile de faire observer au général que le plus sûr moyen d'attirer utilement les Prussiens n'était pas de leur faire savoir qu'on
les attendait; mais c'étaient affaires qui ne nous regardaient pas.

Cependant, aucune précaution ne fut prise, aucune mesure
adoptée, et le surlendemain nous nous trouvâmes encore, dans
une autre localité, en présence de nos deux personnages circu-
lant librement, munis d'un laissez-passer prussien fait et signé à
Francfort, et dépourvus de toute pièce émanant des autorités
françaises. J'ajoute que pendant cette seconde nuit qu'ils passèrent près de nous dans le village, nos soupçons acquirent bien
plus de force et devinrent presque des certitudes.

Il y avait assurément quelque chose à faire et une surveillance à excercer. Pour nous, nous avions rempli notre devoir en prévenant l'autorité militaire et en prenant ainsi l'initiative d'une démarche propre à sauvegarder la dignité de nos insignes. Il appartenait sans doute aux ambulances d'exercer cette espèce de surveillance, pour s'opposer à un abus odieux qui compromettait à la fois notre honneur et notre sécurité. Nous ne devions pas permettre que notre brassard sacré servît de sauvegarde aux traîtres et aux espions. Mais la haute police des ambulances appartenait essentiellement aux autorités militaires, qui auraient pu y apporter plus de vigilance.

Malgré les faits très-nombreux d'espionnage, la méfiance des généraux conservait un caractère purement platonique, et nous avons pu faire quatre mois de campagne et parcourir la France du Sud au Nord, de l'Est au Centre, du Centre à l'Est, etc., sans qu'on ait demandé la présentation de nos titres officiels et constaté la situation régulière et correcte des membres de l'Ambulance. Une fois seulement, à Bourges, où s'étaient rendues une partie notable des ambulances attachées à l'armée de la Loire, et où par conséquent le nombre des brassards pouvait facilement permettre aux espions de se dissimuler sous leur protection, un gendarme demanda à deux d'entre nous qu'il rencontra dans la rue, leur carte de membre d'ambulance. Des faits d'espionnage récents avaient sans doute éveillé l'attention de l'autorité et provoqué ces faibles mesures de contrôle, qui ne se sont pas, du reste, renouvelées parmi nous, ni dans les ambulances que j'ai questionnées sur ce point.

Ce qui s'est fait exceptionnellement dans cette occasion eût dû constituer une règle de conduite ordinaire ; et toute ambulance rencontrée par un corps d'armée auquel elle n'appartenait pas, et dont elle n'était pas particulièrement connue, eût dû être invitée à présenter ses papiers et à donner les preuves de la constitution régulière de son personnel : c'est là une mesure qui devrait être prise à l'avenir.

Il serait encore possible, je pense, d'établir que deux ambulances inconnues l'une à l'autre dussent se communiquer réciproquement leurs titres et l'état régularisé de leur personnel, de manière à rendre plus difficile l'usage compromettant et honteux de la croix rouge mise au service de l'espionnage. C'est ainsi qu'en temps de guerre, les vaisseaux qui se rencontrent sont appelés à se saluer et à produire leurs états, pour s'assurer réciproquement qu'il n'y a pas eu usage trompeur du pavillon.

Enfin, je recommanderai comme mesure très-importante la surveillance active et les inspections fréquentes des délégués auprès de l'armée, et l'obligation pour eux de noter sur un registre spécial de l'ambulance un certificat daté de la dernière inspection, indiquant le nombre et la composition par noms et par titres du personnel, avec les observations jugées convenables.

Il y a lieu d'espérer qu'avec ces mesures sérieusement prises on pourrait éviter, pour l'armée le danger des espions à brassard, et pour les ambulances les soupçons et le reproche dont je cherche ici à supprimer la cause. Il y aurait peut-être alors moins lieu d'accuser le brassard de favoriser l'espionnage que tel ou tel cos-tume militaire, celui de l'état-major, par exemple, qui a été revêtu maintes fois par les espions. Il n'y a pourtant pas là une raison suffisante pour supprimer l'état-major, ce qui serait une conséquence logique de l'opinion du général avec lequel nous avions l'honneur de discuter cette question.

Si nos autorités militaires ont apporté une négligence coupable dans la surveillance des ambulances volontaires, il n'en a pas été de même des autorités prussiennes. Nous avons failli être vic-times de leur méfiance à cet égard. Il est vrai de dire qu'ils se trouvaient en présence d'une ambulance dont le personnel, quoique neutralisé, appartenait à la nation ennemie. Mais à l'Isle-sur-le-Doubs, quoique nous fussions largement pourvus de blessés à soigner, et qu'il fût aisé de constater que nous étions restés pour toute autre chose que pour surveiller les mouvements de l'armée allemande, nous n'avons été réellement tranquilles qu'après que nos relations avec les officiers et les chirurgiens leur eurent permis de reconnaître clairement que nos titres et notre rôle étaient ex-clusivement médicaux, et que nous étions tout à fait étrangers aux opérations militaires. Jusqu'alors nous avons été l'objet d'une surveillance non douteuse; la circulation hors du village nous

était absolument interdite, et nous avons eu à passer quelques
tristes jours, entourés de soupçons et d'une vigilance médiocrement bienveillante. Le colonel von Zimmermann, homme rudes
implacable et redouté de ses officiers et de ses soldats, auquel l'un
de nous fut député pour lui demander du pain, refusa impérieu-
sement de l'entendre, et lui répondit d'un ton de menace que
tous les espions portaient *notre toilette.* Ce fut assez pour nous
faire comprendre de quel œil nous étions vus, et de quelle extrême prudence nous devions user.

Quelques jours après, sur le rapport du chirurgien en chef
Rheinius, qui, accompagné de plusieurs chirurgiens, était venu
inspecter notre ambulance et nous avait exprimé toute sa satisfaction, un général dont j'ignore le nom envoya au colonel
l'ordre de nous traiter avec égards, et de nous venir en aide pour
l'alimentation et l'évacuation de nos blessés. Recommandation
était faite seulement de nous retenir tant que l'exigerait le service de l'ambulance. A partir de ce moment, la situation
changea : un permis de circuler dans les environs de l'Isle nous
fut accordé, et nous n'eûmes qu'à nous louer de la conduite des
officiers, des chirurgiens et des soldats de l'armée ennemie.
C'est une justice que je leur rends, mais qu'ils n'ont peut-être
pas méritée dans toutes les occasions.

Le caractère protecteur des insignes de la Convention de Genève a donné lieu à des abus moins graves que le précédent,
mais qui ont pourtant concouru à discréditer ces insignes. C'est
ainsi que dans toutes les villes menacées par l'approche de l'ennemi, les drapeaux d'ambulance se multipliaient outre mesure,
et chacun croyait pouvoir ainsi protéger sa maison et se soustraire aux charges de la guerre (logements de troupes, contributions de guerre), en manifestant l'intention, sincère ou non, de
recevoir des blessés. Une fois le danger passé, les drapeaux disparaissaient et bon nombre de ces zélés hospitaliers fermaient
leur porte comme le rat de La Fontaine. Que résultait-il de cet
abus ridicule ? C'est que le drapeau à croix rouge perdait sa signification et était traité avec une parfaite indifférence. Pour
remédier à cette situation, il conviendrait d'exiger, sous le con-

trôle de l'autorité civile ou militaire, que le drapeau ne fût hissé que quand la maison renfermerait des blessés. Il deviendrait ainsi une réelle sauvegarde. Mais quant aux dispensea attachées à la réception des blessés, il est juste de s'en rapporter au paragraphe 4 des articles additionnels de la Convention de Genève, dans lequel il est expliqué que « par la répartition des charges relatives au logement des troupes et aux contributions de guerre, il ne sera tenu compte que dans la mesure de l'équité du zèle charitable déployé par les habitants. » Quelque vague que soit cette stipulation, elle est la seule manière possible de régler une matière si peu susceptible d'être précisée.

Quant aux édifices publics ou aux vastes locaux destinés à former de grandes ambulances, et qui ont été disposés en vue de cette destination temporaire, il est naturel qu'ils puissent se couvrir du drapeau international même avant la réception des blessés. Il y a tout avantage et toute justice à ce qu'il en soit ainsi; et il ne peut en résulter aucun abus sérieux.

Il me reste un dernier mot à dire sur l'application de l'art. 3 de la Convention de Genève. On sait qu'il y est statué que le personnel des ambulances « pourra, même après l'occupation de l'ennemi, continuer à remplir ses fonctions dans l'hôpital ou l'ambulance qu'il dessert, ou se retirer pour rejoindre le corps auquel il appartient; que dans ces circonstances, lorsque ces personnes cesseront leurs fonctions, elles seront remises aux avant-postes ennemis par les soins de l'armée occupante. »

Cet article de la Convention n'a pas été observé, et il ne pouvait pas l'être. Il est impossible, en effet, que deux armées en présence permettent ces va-et-vient des avant-postes de l'une aux avant-postes de l'autre. Ce serait pour chacune d'elles organiser l'espionnage au profit de l'armée ennemie ; et c'est dans tous les cas exposer les membres des ambulances à des tentations trop grandes de manquer aux règles de l'honneur. Peut-on supposer qu'un membre d'ambulance qui, par suite de son séjour au milieu des lignes ennemies, pourrait faire à ses compatriotes des révélations importantes, gardât le silence pour rester absolument fidèle à sa neutralité? On est en droit de ne pas y

compter, et c'est de ce droit qu'ont usé les deux armées en re-
tenant captives les ambulances de l'armée ennemie, tant que
l'exigeait le secret des opérations militaires. C'est en vertu de
la même considération que les ambulances ont dû, pour rejoindre l'armée à laquelle elles appartenaient, parcourir à travers les
pays limitrophes un circuit assez grand, pour qu'à l'époque de leur
retour les positions réciproques eussent eu le temps de se modifier
profondément. Ces voyages longs et fatigants, accompagnés
parfois de bien des vexations, ces éloignements prolongés de leur
champ de travail, ont été pour les ambulances des contre-temps
très-regrettables et des causes de découragement et de dégoût.
Mais la force des choses le voulait ainsi; et il conviendra de se
soumettre à ces exigences de la situation, à moins qu'on ne trouve
une combinaison heureuse qui satisfasse à la fois les intérêts militaires et ceux des ambulances. C'est à la recherche de cette combinaison que doivent s'appliquer ceux qui ont à cœur le perfectionnement des applications de la Convention de Genève.

Ici se terminent les observations générales qu'il m'a paru bon
de présenter sur les ambulances internationales. Il y aurait sans
doute bien des détails à ajouter. J'ai cru devoir m'en tenir aux
traits principaux, pour attirer l'attention sur les réformes à introduire dans cette institution si belle et si excellente dans son but.

Je consacrerai le chapitre suivant à la relation des observations
médico-chirurgicales qu'il m'a été possible de faire pendant notre
campagne.

OBSERVATIONS MÉDICO-CHIRURGICALES

recueillies pendant la campagne

DE L'AMBULANCE DU MIDI

———

J'aurais désiré donner à cette partie de mes observations une étendue et une précision qui fussent en rapport avec l'intérêt du sujet. Mais cela ne m'a été ni facile, ni même possible. Quoique nous ayons vu et soigné beaucoup de blessés, nous n'avons pu recueillir que bien peu d'observations complètes. Au milieu des retraites malheureuses auxquelles nous avons dû assister, les évacuations se sont succédé avec une rapidité désespérante, et il nous a été interdit de garder nos malades et d'observer les suites des blessures et des opérations.

La difficulté de nourrir et de loger les blessés a du reste commandé ces évacuations incessantes, les blessés de la veille devant faire place à ceux du lendemain. A Bellegarde (Loiret), il nous a été possible de faire quelques opérations et d'observer les blessés pendant quelques jours. A Villersexel, rien n'a pu être fait que des pansements simples. Ce n'est donc qu'à l'Isle-sur-le-Doubs que nous avons pu étudier l'état de nos blessés avec un peu de suite, soigner les conséquences d'opérations déjà faites par d'autres chirurgiens, et pratiquer nous-même un nombre assez considérable d'opérations dont les suites nous sont connues, soit par ce que nous en avons vu, soit par ce que nous en a écrit notre excellent confrère le Dr Pernod, de l'Isle-sur-le-Doubs. Nous le remercions d'autant plus des renseignements qu'il nous a transmis, qu'il est extrêmement difficile de les obtenir des malades eux-mêmes. Malgré les promesses les plus solennelles, ces derniers restent muets et privent ceux qui les ont soignés de documents précieux.

Le rôle chirurgical des ambulances eût été autrement facile si le succès eût permis à nos troupes de gagner du terrain. Il se serait formé, sur les derrières de l'armée, des agglomérations de blessés auprès desquelles les ambulances eussent laissé des détachements médicaux proportionnés au nombre des malades. On n'aurait compris, dans les premières évacuations, que les hommes légèrement atteints, et les autres auraient été gardés et observés tant que l'aurait exigé leur état.

La situation contraire a eu des conséquences sérieuses, non pas seulement au point de vue de la satisfaction scientifique et pour la facilité de l'observation, mais aussi au point de vue de l'intérêt des blessés. Bien des cas qui se seraient terminés heureusement, s'il y avait eu du repos et des soins continus, ont acquis une gravité inattendue sous l'influence des mouvements, des privations et des rigueurs de la température, supportés pendant des voyages plus ou moins précipités. De plus, un certain nombre d'opérations qui étaient indiquées ne pouvaient être faites en temps opportun. A tout cela il faut joindre la dépression morale, et par conséquent physique, qui était pour les blessés la conséquence de ces mouvements de recul, et qui donnait à leur état une gravité inaccoutumée. Le blessé vaincu est abattu et sans espérances, comme la mère dont les douleurs n'ont abouti qu'à la naissance d'un être sans vie. Il n'y a, pour l'un comme pour l'autre, aucune compensation à tant de souffrances, et la tristesse morale appelle l'atonie physiologique et l'absence de tout ressort.

Il est donc vrai de dire, tant au point de vue du sort des malades que pour ce qui concerne le rôle du chirurgien, qu'il y a deux chirurgies bien différentes : une chirurgie des armées victorieuses, et une chirurgie des armées vaincues et en retraite. La première est favorable au blessé et aisée pour le chirurgien ; la seconde présente pour le blessé bien plus de chances malheu-

reuses, et pour le chirurgien des difficultés et des contre-temps
sans nombre. C'est, hélas! surtout cette dernière chirurgie que
nous avons été appelés à pratiquer. Aussi n'avons-nous pas pu
faire, au point de vue chirurgical, tout ce que comportait d'observations intéressantes et d'opérations un champ si vaste et si
riche en faits dignes d'attention.

Néanmoins nous ne sommes pas restés les mains vides, et je
puis rendre compte ici de ce que notre pratique nous a présenté
de plus saillant. Je parlerai d'abord de ce qui touche plus spécialement à la chirurgie, et en dernier lieu de la partie médicale
proprement dite.

PLAIES.

La statistique des plaies observées pendant la campagne de
France fournira des résultats bien différents de ceux qui ont été
obtenus dans les guerres antérieures. L'introduction des armes
à longue portée, et la tactique sévèrement suivie par l'armée
prussienne de ne pas se laisser aborder de près par l'ennemi,
ont diminué le nombre des plaies par arme blanche, et augmente
celui des plaies par armes à feu dans des proportions qui ont
certainement dépassé tout ce que l'on avait pu prévoir. J'en
donnerai une idée en disant que, parmi les nombreux blessés qui
sont passés entre nos mains, nous n'avons vu que deux blessures par arme blanche : un coup de sabre sur le crâne chez un
cavalier, et un coup de lance qui avait atteint un officier français
à la partie interne du bras, où il n'avait produit du reste qu'une
ecchymose très-limitée et sans plaie. Je crois bien que les blessures par arme blanche ont été plus nombreuses dans d'autres
cas où la lutte corps à corps n'a pas pu être évitée; mais comme
ces engagements ont en général été très-limités, on peut affirmer
que le nombre relatif des plaies par arme blanche a présenté
une diminution considérable sur les chiffres antérieurement recueillis.

Parmi les blessures par armes à feu, il y a eu également des
modifications dans la proportion des blessures faites par la mous-

queterie et par l'artillerie. On peut dire, en effet, qu'il y a eu accroissement relatif des plaies par éclat d'obus, par fragments de mitraille, et en général par les projectiles lancés par des armes de gros calibre constituant l'artillerie proprement dite. Mais la proportion de ces deux ordres de blessures a subi parfois des variations notables. C'est ainsi qu'à Ladon, qu'à Beaune-la-Rollande, où la mousqueterie joua un rôle moins effacé que d'habitude, nous avons surtout observé des plaies faites par des balles, et beaucoup moins de blessures dues aux éclats d'obus. A l'Isle-sur-le-Doubs, au contraire, un grand nombre de nos blessés avaient été atteints par l'artillerie prussienne, dont l'effet fut si considérable à Montbéliard, et surtout à Héricourt. Ces résultats généraux, je le répète, doivent être attribués à la tactique de l'armée prussienne, au soin qu'elle prenait de ne pas se laisser approcher, et de combattre à distance avec son artillerie à longue portée [1].

Je n'ai pas l'intention de m'étendre longuement sur les formes diverses des plaies par armes à feu. On sait, en effet, quelles sont les différences que présentent ces plaies suivant qu'elles sont dues aux balles de fusil ou aux projectiles de gros calibre. Les premières ont des orifices distincts et jusqu'à un certain point réguliers, et un trajet plus ou moins long et circonscrit à travers les tissus; tandis que les gros projectiles, formés en général par des éclats d'obus irréguliers, à bords déchiquetés et inégaux, déchirent et lacèrent les parties, enlèvent des couches plus ou moins épaisses de la surface des membres et laissent le plus souvent des surfaces saignantes inégales, couvertes de lambeaux mâchés et d'un aspect repoussant. Les os atteints par les balles présentent quelquefois des fractures simples ; et, dans tous les

---

1 Je dois ici, quoiqu'à mon grand regret, me borner à consigner ces données générales sans les appuyer de chiffres authentiques qui eussent permis de préciser et de serrer les faits de plus près. Les registres de l'Ambulance, à la bonne confection desquels j'ai veillé autant que me l'a permis notre vie aussi laborieuse qu'agitée, et qui auraient pu me fournir les éléments d'une statistique intéressante, ne sont point entre mes mains. Ils sont restés à Marseille pour des motifs dont il me répugne d'autant plus d'instruire le lecteur, qu'ils n'ont rien de bien honorable pour des confrères.

cas, les dégâts produits dans les fractures comminutives se bornent à une région limitée de l'os, tandis que les larges plaques d'obus fracassent les os dans une grande étendue, ouvrent largement les articulations et produisent des dégâts irréparables. Nous avons vu ainsi, chez un blessé de Beaune-la-Rollande auquel je fis l'amputation sus-malléolaire, tous les os du tarse et du métatarse broyés par un obus. Un mobile de la Savoie avait les deux genoux ouverts antérieurement par un obus. Les deux rotules et tous les tissus de la partie antérieure avaient été arrachés et emportés. Les condyles du fémur et les tubérosités antérieures des deux tibias étaient en partie broyés, et les deux articulations représentaient deux vastes excavations dont les parois étaient formées de tissus dilacérés et de fragments pilés. L'état d'anémie et de faiblesse extrême du blessé ne nous permit pas de tenter une double amputation de la cuisse, et nous dûmes nous borner à des pansements simples jusqu'à ce que la mort vînt mettre fin à une situation si déplorable. Enfin, parmi bien des cas analogues, je dois encore citer un soldat chez lequel nous avons vu une amputation de la cuisse faite par un obus au niveau du tiers inférieur. Il suffit de régulariser la plaie et de réséquer le bout de l'os. Le malade était à peu près convalescent quand nous le quittâmes.

La forme et les dimensions des balles des nouveaux fusils employés par les deux armées avaient une influence quelquefois bien évidente sur la forme et le trajet des plaies. La balle cylindro-conique du chassepot, plus aiguë et d'un diamètre plus faible que la balle ovoïde du fusil à aiguille, produisait un orifice d'entrée plus petit, assez nettement délimité, à bords enfoncés en cul de poule, tandis que l'orifice de sortie était plus large, plus déchiqueté, à bords moins réguliers; ce qu'il faut attribuer, soit au mouvement de rotation conique de la balle, soit au défaut de point d'appui de la peau qui, atteinte par sa face profonde et poussée par l'impulsion très-énergique de la balle du chassepot, se distendait rapidement pour se diviser en lambeaux stellaires. Les balles de chassepot, grâce à la rapidité de leur course, à l'énergie de leur impulsion, à la forme quasi-aiguë de leur sommet et au faible accroissement de diamètre de leur extrémité postérieure, pénétraient très-facilement, décrivaient à travers les tissus des trajets longs et directs, et fracturaient facilement les os qu'elles rencontraient sur leur passage.

La différence de dimensions de l'orifice d'entrée et de l'orifice de sortie de la balle du chassepot prenait quelquefois des proportions étonnantes. Un Prussien entra à l'ambulance avec de larges déchirures de la joue droite, formant une étoile à trois rayons. Les bords anguleux de la plaie étaient retournés vers l'extérieur. Je compris qu'il s'agissait là d'un orifice de sortie, mais je cherchai en vain l'orifice d'entrée, et je ne l'aurais peut-être pas trouvé si le blessé ne me l'avait lui-même indiqué. Il consistait dans une petite fente à peine visible, un peu déprimée, placée entre la conque de l'oreille et l'apophyse mastoïde. Je dus introduire mon stylet dans cet orifice et sonder le trajet du projectile pour m'assurer que le blessé ne se trompait pas, et qu'une balle était passée par là. Le projectile avait traversé la fosse sphéno-maxillaire gauche, avait rasé de gauche à droite et d'arrière en avant la face supérieure du voile du palais, et était venue effectuer sa sortie dans la fosse zygomatique droite.

Les balles olivaires et de diamètre de près d'un tiers plus grand du fusil prussien produisaient un orifice d'entrée bien moins différent de l'orifice de sortie, et en général de dimensions supérieures à celles de l'orifice d'entrée des balles du chassepot. De plus, ces balles pénétraient peut-être moins facilement, et s'arrêtaient plus souvent au milieu des parties molles, ce qu'il faut attribuer non-seulement à leur forme, mais aussi à la moindre portée du fusil prussien.

Elles devaient peut-être aussi à leur forme olivaire de glisser facilement à la surface des os, de les contourner, et de tracer ainsi, autour des os et sous la peau, des trajets circulaires fort remarquables. Nous avons rencontré plusieurs cas où la balle, ayant atteint la face antérieure du thorax, avait suivi la face externe des côtes, pour venir se loger dans le dos, jusqu'au voisinage des apophyses épineuses. En examinant l'orifice d'entrée et le point où se trouvait la balle, on eût pu croire que le poumon avait été traversé de part en part. Il n'en était rien pourtant, et l'on avait affaire à un simple trajet sous-cutané : chez l'un de ces blessés, la balle, ayant frappé la face antérieure du sternum, était venue sortir au-dessous du bord postérieur du creux de l'aisselle.

Chez un officier blessé à Villersexel, la balle, ayant pénétré à quelques centimètres au-dessous de la partie moyenne de la clavicule, était venue se loger sur l'apophyse épineuse de la douzième vertèbre dorsale.

Enfin, chez un capitaine d'état-major, sur l'observation duquel je compte revenir, une balle, qui avait frappé la face antéro-externe du condyle externe du fémur droit, avait contourné ce condyle pour se loger profondément dans le creux poplité.

Les balles de chassepot nous ont paru présenter moins fréquemment ces curieuses réflexions et ces courbures dans les trajets. Mais cela peut tenir à ce que nous avons proportionnellement observé beaucoup moins de blessés ennemis. Aussi me garderai-je de tirer de nos observations une conclusion trop générale.

Les pansements que nous avons employés pour les plaies ont varié suivant les cas, et, disons-le aussi, suivant nos ressources. Mais comme, spécialement dans la campagne de l'Est, les sujets qu'il s'agissait de traiter étaient pour la plupart épuisés, anémiés, et étaient porteurs de plaies pâles, atoniques, nous avons dû avoir le plus souvent recours aux pansements stimulants, toniques, excitants, et aux moyens substitutifs. D'un autre côté, l'encombrement et l'état de faiblesse des sujets constituant des conditions éminemment favorables à la naissance et à la propagation de la pourriture d'hôpital, nous avons, dans presque tous les cas, associé aux stimulants les désinfectants. Convaincus du reste de l'influence funeste du contact de l'air et des semences organiques qui voltigent dans l'atmosphère, nous avons éloigné nos pansements autant que nous le permettait l'abondance de la suppuration. Pendant les premiers jours, et avant la formation du pus, nous recouvrions les plaies de charpie et de compresses trempées dans l'eau fraîche, et que l'on humectait de temps en temps. Lorsque la suppuration commençait à s'établir, nous usions habituellement d'eau, dans un litre de laquelle on avait dissous quelques gouttes d'acide phénique. La charpie et les linges à pansements étaient imbibés de cette eau, avec laquelle nous faisions dans la journée des aspersions répétées sur les bandages des plaies qui répandaient de l'odeur.

Avec la seringue surmontée d'une longue canule en caoutchouc, ou mieux à travers un tube à drainage, nous pratiquions des injections répétées dans les plaies profondes constituant des trajets fistuleux, borgnes ou complets, et présentant presque toujours des diverticula latéraux où le pus tendait à s'accumuler et à s'altérer.

Quand les plaies étaient pâles et sans ton, nous remplacions l'eau phéniquée par l'alcool camphré plus ou moins étendu d'eau. Ces deux liquides étaient parfois employés simultanément.

Pour les plaies dont la surface était facilement accessible et où la cicatrisation était commencée, nous avons usé d'un mode de pansement dont nous avons eu beaucoup à nous louer; je veux dire le glycérolé d'amidon phéniqué.

Ce pansement, qui entretient à la surface des plaies une douce humidité, tout en les recouvrant d'une couche onctueuse qui les isole du contact de l'air, agit aussi comme désinfectant. Nous l'avons beaucoup employé; mais vers la fin de notre séjour à l'Isle-sur-le-Doubs la glycérine nous fit défaut, et nous dûmes y renoncer. Notre aide-pharmacien, M. Béchamp, voulut le remplacer par de l'empois d'amidon phéniqué. Nous fîmes l'essai de cette préparation, qui eut des inconvénients qu'il était facile de prévoir. La glycérine n'étant plus là pour entretenir l'humidité du pansement, celui-ci se desséchait et durcissait en se collant à la peau et aux bords de la plaie, de manière à former un obturateur qui s'opposait à l'écoulement du pus, qui déchirait la cicatrice, et occasionnait de la douleur lorsqu'il fallait enlever le pansement pour le renouveler. Nous renonçâmes donc à cette préparation, qui ne convenait pas aux plaies fortement suppurantes que nous avions à soigner, mais qui fournirait pourtant un mode de pansement très-convenable dans les cas où l'occlusion est indiquée. Je crois, en effet, que dans les ulcères calleux qui suppurent peu, et dans les cas où il y a avantage à faire former une cicatrice à l'abri du contact de l'air, on pourrait essayer de ce pansement qui, s'appliquant exactement sur la plaie, forme bientôt une cuirasse solide, suffisamment élastique quand elle n'est pas trop épaisse, qui, se rétractant légèrement, tend à rapprocher les lèvres de la plaie, et qui enfin renferme un principe désinfectant que ne trouveront pas inutile ceux qui ont eu l'occasion d'enlever les cuirasses de sparadrap des ulcères traités par occlusion.

Enfin, pour les plaies bourgeonnantes dont la cicatrisation marchait avec lenteur, nous avons fréquemment employé les badigeonnages avec une solution de nitrate d'argent au trentième. Nous recouvrions ensuite la plaie de charpie imbibée d'eau phéniquée. C'est ainsi que nous avons traité avec succès les vastes plaies suppurantes auxquelles le soin des forces du malade nous imposait l'obligation de mettre bientôt fin.

Du reste, tous ces moyens nous ont été particulièrement utiles pour ces plaies larges, profondes, déchiquetées, à trajets fistuleux, que produisaient les balles, les fragments de mitraille, et plus encore les larges éclats d'obus. Nous leur avons dû des succès que nous n'aurions pas osé espérer, et nous leur sommes peut-être redevables aussi d'avoir évité un redoutable ennemi des ambulances et des locaux où sont entassés les blessés, c'est-à-dire: la pourriture d'hôpital.

Il est vrai que, pour compléter leur action et atteindre plus sûrement ce but, nous avons fréquemment aéré les salles, malgré l'abaissement considérable de la température; et nous y avons constamment maintenu, soit du chlorure de chaux, soit des linges imbibés d'acide phénique, que nous suspendions dans divers points des salles.

Grâce à ces moyens combinés avec une bonne alimentation, autant que possible animale, et avec un usage régulier du vin et de la décoction de quinquina, nous avons pu assister à la guérison rapide de vastes plaies qui nous avaient fait craindre une autre terminaison.

Un artilleur, couché dans l'école des filles à l'Isle-sur-le-Doubs, présentait une vaste plaie des régions périnéale, scrotale, inguino-crurales des deux côtés, fessières et crurales internes des deux côtés. Un obus était venu éclater justement dans l'angle supérieur des cuisses, et avait labouré toutes les parties voisines d'une manière effroyable. Un des testicules était entièrement à découvert, l'autre l'était partiellement ; le scrotum était déchiré, dilacéré, fortement tuméfié et gorgé de sang noir. Le canal de l'urèthre n'était pas atteint, et le malade urinait naturellement; seulement la gaîne de la verge et le prépuce étaient considérablement gonflés par l'œdème et ecchymosés en partie. La plaie fournissait une sérosité purulo-sanguinolente très-abondante; et quoique les pansements fussent renouvelés deux fois par jour et qu'on y prodiguât la charpie et les compresses, le lit était toujours mouillé par le liquide de la plaie. Une odeur très-pénétrante s'échappait de ce foyer, où le liquide se corrompait rapidement sous l'influence de la chaleur du lit et de la région. Le pouls était fréquent, développé, régulier ; la peau avait une chaleur proportionnée au degré de la fièvre, qui ne présentait que de bons caractères.

D'épais gâteaux de charpie imbibés d'abord d'eau phéniquée, et plus tard d'eau phéniquée et d'alcool camphré, des badigeonnages quotidiens au nitrate d'argent, quand la plaie eut été recouverte de bourgeons charnus, amenèrent une cicatrisation si rapide de cette large surface, que nous en étions tous les jours étonnés. Au bout de vingt jours, la surface suppurante avait des dimensions si réduites, que le malade put sans peine se mettre en route sur une charrette, et ne je doute pas que quelques jours aient suffi pour une entière guérison.

J'ajouterai ici un cas de guérison non pas aussi rapide, ce que le siége du mal rendait impossible, mais de guérison vraiment inespérée.

Un mobile alsacien avait reçu un éclat d'obus sur le dos du

pied. Les orteils étaient restés intacts, mais la région pédieuse ne présentait qu'une excavation dont les parties molles étaient dilacérées. Les articulations tarsiennes et tarso-métatarsiennes étaient ouvertes et les os broyés en partie. Nous n'hésitâmes pas à juger qu'il s'agissait d'une amputation, soit tibio-tarsienne, soit plus tôt sus-malléolaire. Mais le malade y était peu disposé, et il nous pria d'attendre, ce que nous fîmes d'autant plus volontiers qu'il avait peu de fièvre, qu'il paraissait supporter sa lésion, et qu'il n'y avait pas péril en la demeure. Nous bourrâmes cette large fosse de charpie imbibée d'eau phéniquée, et nous alimentâmes bien le malade. Au bout de quelques jours, contre notre attente, la plaie se nettoya, l'aspect en devint meilleur, des esquilles se détachèrent, une bonne suppuration s'établit; la fièvre n'augmenta pas, le bourgeonnement se fit franchement, et nous pûmes espérer conserver le pied à ce malade. L'amélioration continua sans interruption, et quelques jours avant notre départ ce soldat, désireux de rentrer dans son pays, dont il était peu éloigné, put partir sur un charriot d'évacuation avec d'autres blessés en voie de guérison. On peut conjecturer que la suppuration a dû persister encore longtemps, que les os nécrosés ont dû se séparer lentement, et que la guérison complète a dû demander encore un temps assez long ; mais l'état du blessé, lors de son départ, nous permet d'affirmer aussi que, à moins d'accidents que rien ne faisait prévoir, il a dû conserver son pied, plus ou moins déformé sans doute.

Il va sans dire que nous n'avons pas toujours été aussi heureux, soit parce que l'étendue des plaies et la nature des tissus lésés rendaient les réparations difficiles et les suppurations trop abondantes, soit parce que l'état général du blessé mettait obstacle aux efforts de la nature, soit à cause des complications sérieuses qui étaient dues au siège de la lésion.

Dans la salle de la mairie de l'Isle-sur-le-Doubs était couché un militaire français, dont la jambe droite et plus particulièrement le gras du mollet avaient été largement et profondément labourés par un éclat d'obus. Il restait à peine une étroite bande de peau sur la face antérieure du tibia. Les muscles avaient été en grande partie déchirés et emportés. Les os n'avaient pas été directement atteints, mais étaient à découvert sur plusieurs points. Il s'était formé des fusées purulentes qui avaient disséqué les muscles restants, et qui avaient pénétré dans tous les intervalles musculaires jusqu'à la partie supérieure du creux poplité qui était rempli de pus, et dans toute la moitié postérieure de la région pédieuse. Les articulations tarsiennes et tibio-tarsiennes n'étaient pas ouvertes, mais les ligaments articulaires étaient à nu et en contact avec le pus. Il s'écoulait de toutes ces parties une suppuration si abondante, que nous dûmes renoncer à mettre une quantité de charpie suffisante pour l'absorber, même seulement pendant quelques heures. Nous plaçâmes le membre malade dans une gouttière en fil de fer, que nous garnîmes à l'intérieur d'une toile cirée formant au niveau du talon un bec renversé inférieurement, de manière à ce que le pus eût un écoulement naturel et continu, et pût être recueilli dans un vase placé au pied du lit. Nous recouvrîmes en même temps le membre de charpie imbibée d'eau phéniquée que nous renouvelions souvent, en ayant le soin de laver à grande eau le membre et la gouttière, de manière à entraîner tout le liquide purulent.

Grâce à ces soins multipliés, la plaie conservait un assez bon aspect, et le pus un bon caractère; mais la suppuration était si abondante et la cuvette se remplissait si rapidement, que le malade maigrissait et perdait complètement ses forces. Convaincu qu'il ne suffirait pas au travail de réparation d'une plaie si grave, nous crûmes, malgré l'existence d'une autre lésion sérieuse dont je parlerai plus loin, devoir songer à l'amputation de la cuisse, pour simplifier ainsi l'état local du membre inférieur et améliorer par suite l'état général. L'opération fut pratiquée; mais nous n'eûmes pas malheureusement à en suivre longtemps les résultats, attendu que trois jours après le malade fut pris de délire violent avec fièvre très-intense, langue sèche, etc. Le moignon se gonfla considérablement, la peau se déchira au niveau des points de suture, la plaie devint blafarde et fournit de la sanie sanguinolente, et le malade mourut cinq jours après l'opération.

Pour expliquer cette fin rapide et les phénomènes qui la précédèrent, je dois dire que ce blessé avait également reçu sur le crâne un éclat d'obus qui avait fracturé le pariétal gauche au niveau de sa partie centrale, et laissé quelques esquilles dans la plaie. L'orifice osseux, assez irrégulier du reste, avait un peu plus d'un centimètre de diamètre. Nous avions retiré plusieurs esquilles, et la dure-mère était à nu dans l'étendue de la plaie osseuse. Elle était à ce niveau vascularisée et donnait un peu de suppuration ; mais aucun symptôme cérébral ne s'était présenté quand apparurent les phénomènes décrits ci-dessus. En examinant la plaie du crâne le jour même de la mort du malade, j'aperçus une tumeur rougeâtre, arrondie, fongueuse, qui faisait une légère saillie extérieure à travers l'orifice des os du crâne.

Le lendemain, à l'autopsie, nous reconnûmes que cette tumeur était formée par la dure-mère gonflée, ramollie, et soulevée par une collection de pus qui s'étendait à la surface du cerveau. Il n'est pas douteux que cette lésion n'ait été le point de départ et la cause principale des phénomènes graves qui avaient si rapidement emporté le sujet.

On peut se demander si, en présence d'une complication aussi importante qu'une plaie du crâne, il ne convenait pas de s'abstenir d'opérer. Je répondrai que nous aurions dû le faire si nous avions conservé le moindre doute sur le pronostic qu'il fallait tirer de l'état du membre inférieur. Mais comme nous étions fermement convaincus que la conservation du membre et la suppuration excessive qui en résultait devaient avoir pour conséquence fatale la mort du sujet, nous crûmes devoir supprimer cet élément funeste et ramener l'état du malade à des conditions plus simples et plus favorables.

Parmi les blessures qui empruntaient aux organes lésés une complication et une gravité tout à fait exceptionnelles, je désire citer le cas d'un soldat qui avait reçu un coup de feu au niveau de la région inguinale droite. La balle était venue sortir dans la région fessière gauche, au niveau de la partie moyenne du bord inférieur du grand ligament sacro-sciatique. Elle avait donc plongé dans le bassin en suivant un trajet oblique d'avant en arrière, de droite à gauche, et de haut en bas. Dans ce parcours, elle avait d'abord rencontré la vessie et ensuite le rectum. La plaie inguinale donnait issue à de l'urine, et par la plaie postérieure s'échappaient des matières fécales demi-liquides, qui souillaient les linges à pansements et répandaient une odeur suffocante. L'index, introduit dans l'anus, pénétrait dans l'orifice interne de la fistule anale, qui était disposé en forme d'entonnoir et placé au-dessus du sphincter de l'anus. Le doigt ne pouvait pas atteindre l'orifice d'entrée du projectile dans l'anus. D'autre part, l'orifice inguinal ne donnait que de l'urine sans matières fécales. La sonde, introduite dans l'urèthre, fournissait également de l'urine pure. L'orifice fessier fournissait peut-être de l'urine mêlée aux matières fécales, mais assez peu cependant pour qu'il fût impossible de le reconnaître exactement. Chacun des deux réservoirs (vessie et anus) semblait donc avoir pour orifice de sortie de son contenu l'orifice fistulaire cutané qui en était le plus rapproché. Une faible partie des matières fécales passait néanmoins par l'anus.

Cette répartition exacte des matières fécales et de l'urine avait lieu de surprendre d'autant plus qu'il existait nécessairement un canal de communication entre la vessie et le rectum. Il est à présumer que ce canal, très-obliquement dirigé d'un organe à l'autre, formait des zig-zags par suite de la résistance inégale que les couches interposées entre ces deux viscères avaient opposée à la pression du projectile, et que, fort rétréci sinon obturé par le gonflement des tissus, il ne permettait pas aux liquides de se mêler d'une manière appréciable. Dans tous les cas, il est plus que probable que la communication entre les deux cavités viscérales avait lieu immédiatement au-dessous du cul-de-sac recto-vésical du péritoine, car il était assez haut pour échapper au toucher rectal, et assez bas pour être resté étranger à la cavité péritonéale, puisqu'il n'était survenu aucun symptôme de péritonite.

Lorsque je vis le blessé, la lésion datait de quinze jours environ. Le malade était en proie à une fièvre vive, accompagnée de dévoiement. La maigreur était considérable, mais il restait encore assez de forces au malade pour se tenir debout pendant

quelques instants pour les soins de propreté qu'il fallait lui donner plusieurs fois par jour.

Des excoriations étendues de la peau existaient au niveau des
deux orifices externes, mais particulièrement au niveau de la région fessière. Cette dernière région était très-douloureuse, et le
doigt, introduit dans la fistule par l'orifice cutané, révélait l'existence d'un foyer anfractueux rempli de pus et de matières fécales,
et formé aux dépens de la fosse ischio-rectale, si favorable par
sa disposition à la formation de pareilles collections.

Malgré les chances défavorables, je voulus tenter quelque
chose pour soulager ce malade et obtenir l'occlusion des canaux
anormaux dont il était le porteur. Une sonde à demeure fut placée dans le canal de l'urèthre. Le malade la supporta assez bien.
Du côté de l'anus, nous songeâmes à inciser le pont cutané qui
séparait l'orifice anal de l'orifice fistulaire ; mais l'état du malade
nous commandait d'éviter autant que possible une incision si
étendue, et nous engageait à avoir recours à d'autres moyens.
Je résolus de tenter l'emploi d'une canule en gutta–percha destinée à favoriser l'écoulement des matières fécales par l'anus, et
à les détourner de la fistule. Cette canule, en forme de sablier,
était évasée supérieurement et inférieurement.

L'entonnoir supérieur, plus long que l'inférieur, devait être introduit dans l'anus de manière à déplisser la partie inférieure
du rectum, à comprimer et vider la fosse ischio-rectale, et à obturer l'orifice interne de la fistule en remontant plus haut que
son niveau. La portion rétrécie du sablier devait être embrassée
par le sphincter de l'anus ; et l'entonnoir inférieur, surmonté des
deux ailes latérales, devait servir à fixer l'appareil, en l'empêchant
de pénétrer entièrement dans l'anus. Cette canule, constamment
béante, devait permettre aux matières fécales de s'écouler librement et les détourner des voies anormales constituées, soit par
la fistule fessière, soit par la fistule recto-vésicale. L'appareil
fut conservé pendant vingt-quatre heures par le malade ; mais
ce dernier ne voulut pas le garder plus longtemps, à cause des
douleurs qu'il lui procurait. Cet appareil, du reste, ne réalisait
pas tout ce que je lui avais demandé : la gutta-percha, d'une

consistance trop dure, n'avait pas permis de donner à l'entonnoir supérieur un évasement suffisamment large pour bien déplisser le rectum et pour obturer l'orifice interne de la fistule. Si, en effet, j'avais donné à cet évasement une largeur proportionnée à la dilatation rectale, il eût été impossible de l'introduire par l'orifice de l'anus. En outre, la raideur de cette canule l'empêchait de se prêter aux courbures en S de l'extrémité inférieure du canal ano-rectal, de telle sorte que le malade en était gêné et que, du reste, le moindre dérangement et déplacement de l'appareil faisait qu'il présentait son orifice évasé, non plus à la lumière intestinale, mais à la paroi du rectum qui s'appliquait contre cet orifice et le fermait ; de telle sorte que la canule, au lieu de jouer le rôle de tuyau de dégorgement, formait un véritable bouchon qui provoquait l'accumulation des matières fécales dans le rectum et leur passage par la fistule.

J'aurais certainement obtenu de meilleurs résultats si, au lieu de gutta-percha, j'avais pu confectionner et employer un appareil en caoutchouc vulcanisé, dont l'entonnoir supérieur eût été doué de parois susceptibles d'être gonflées et dilatées par l'air, comme certains pessaires, mais avec une disposition infundibuliforme plus prononcée. A cet entonnoir aurait fait suite un canal béant et souple, en caoutchouc vulcanisé, autour duquel on eût fixé, à une hauteur convenable, un disque ou deux ailes latérales destinées à s'opposer à son ascension exagérée dans le rectum. L'entonnoir supérieur eût été introduit vide et plissé, et on l'eût ensuite gonflé et distendu à l'aide d'une poire en caoutchouc. Cet instrument, souple et propre à se mouler sur les courbures du canal recto-anal, aurait suffisamment déplissé le rectum pour que son orifice fût constamment libre et en rapport avec la cavité intestinale. J'ai la ferme conviction qu'avec l'aide de cet instrument, *s'il eût été supporté*, j'aurais pu obtenir des résultats plus satisfaisants. Je dis : *s'il eût été supporté*, car on sait combien la présence d'un corps étranger dans l'orifice anal provoque des sensations pénibles de lourdeur et de ténesme qu'il n'est pas toujours possible de surmonter.

Mais, cet obstacle mis de côté, je suis autorisé à penser qu'un appareil ainsi construit eût fonctionné convenablement, parce que je l'ai vu donner d'excellents résultats dans un cas d'anus contre-nature pour lequel je l'avais fait confectionner.

Les matières fécales s'écoulaient facilement dans la canule, qui les conduisait dans une poche en caoutchouc, et il n'en passait jamais entre la canule et les parois intestinales. Cet appareil, qui fonctionne très-utilement pour le malade depuis quelques années, m'aurait paru applicable au cas actuel.

Je complète l'observation de ce cas en disant que du reste le malade, quand je le vis, était déjà en proie à une fièvre vive, et était devenu d'une grande maigreur. Son pouls était petit et fréquent. Il suffit de peu de jours pour que les forces disparussent ; il survint des symptômes de résorption putride et urineuse : sécheresse et noirceur de la langue, inappétence absolue, pouls misérable et très-fréquent, sécheresse et teinte terreuse de la peau, délire presque continuel, etc, et le malade mourut vers le vingtième jour de sa blessure.

CORPS ÉTRANGERS.

Parmi les complications des plaies que nous avons pu observer, se trouvent quelques cas intéressants dont je désire rapporter l'observation. On sait qu'une des complications les plus fréquentes des plaies par armes à feu c'est la présence de projectiles ou de corps étrangers, tels que vêtements, boutons, fragments de pierre entraînés par le projectile. Nous avons été frappés du nombre, relativement assez grand, des cas où il était difficile et quelquefois même impossible, dans les premiers jours de la blessure, de trouver et d'extraire le projectile. La longueur du trajet qu'il a parcouru, la profondeur du point où il s'est logé, rendent cette recherche difficile ; de plus, les saillies osseuses, les plans musculaires et aponévrotiques impriment souvent au projectile une voie sinueuse et des changements brusques de direction. J'ai déjà cité quelques faits qui présentaient des conditions semblables.

Quand les membres sont atteints presque parallèlement à leur axe, les balles les labourent intérieurement dans une longueur variable suivant le niveau de l'orifice d'entrée, et suivant l'acuité de l'angle formé par l'axe du membre et la direction de la trajectoire du projectile. J'ai vu un mobilisé du Rhône atteint par une balle sur la face antérieure de la cuisse, un peu au-dessus de l'articulation du genou. La balle, qui l'avait frappé tandis que, faisant face à l'ennemi, il avait la cuisse fléchie sur le bassin, avait parcouru d'avant en arrière toute la longueur du segment, et était venue se loger dans la région pelvi-trochantérienne, en arrière du grand trochanter. Elle avait rencontré le fémur, avait contourné sa face externe arrondie en s'aplatissant et se recourbant en forme de croissant, et d'antérieure au fémur était devenue postérieure. La forme aplatie de la balle, sa profondeur en même temps que sa distance du point de départ, nous empêchèrent de la découvrir pendant les premiers jours qui suivirent la blessure. Quand la suppuration s'établit partout et qu'une collection de pus fut formée en arrière du grand trochanter, nous éprouvâmes à la fois la fluctuation et l'impression d'un vide dans lequel les tissus avaient perdu de leur consistance, et où la peau cédait facilement à la pression des doigts. Nous fîmes là une large incision dans le but de favoriser l'écoulement du pus, et dans l'espoir d'y rencontrer le projectile. Cet espoir ne fut pas déçu en effet, et, la poche une fois vidée, le doigt introduit par l'incision toucha un corps dur, aplati, poli, appliqué contre les parois de l'abcès, et encore solidement retenu par des brides membraneuses qu'il fallut rompre avec l'ongle pour le détacher.

Il resta là un long et vaste trajet fistuleux, presque aussi long que le fémur et fournissant une quantité énorme de pus. Des tubes à drainage furent placés, des injections répétées furent faites, tantôt avec l'eau phéniquée, tantôt avec l'alcool camphré; un bandage compressif fut soigneusement appliqué pour vider les foyers, et un régime tonique (vin de quinquina, viande, etc.) fut ordonné; malgré cela, la suppuration continua d'être très-abondante, le trajet fistuleux ne fit aucun progrès vers la guérison; le malade maigrit, la fièvre s'alluma, et nous pûmes craindre une issue malheureuse. Cette persistance dans l'abondance de la suppuration et le retard dans l'apparition des phénomènes de réparation n'avaient pas lieu de nous étonner, car il n'était pas permis de douter que le fémur n'eût été fortement contus et même écorné par le projectile, et qu'il n'y eût un travail d'élimination osseuse, travail toujours long et sérieux dans ses profondeurs. Grâce au traitement tonique et aux soins très-assidus qui furent donnés, l'état général s'améliora, et lors de notre départ, c'est-à-dire un mois environ après la date de la blessure, on pouvait espérer une guérison, malgré la persistance des accidents locaux. Cette espérance m'a été confirmée le 3 avril, c'est-à-dire deux mois après, par le Dr Pernod, de l'Isle-sur-le-Doubs. Ce confrère m'apprend qu'il a pu extraire une esquille, que depuis lors la suppuration diminue beaucoup, et que l'embonpoint semble vouloir reparaître.

Mais s'il est des cas où la formation d'un abcès qui devient superficiel permet de reconnaître le point d'arrêt du projectile, il n'en est pas toujours ainsi, et je puis citer le cas d'un mobilisé dont la cuisse gauche avait été traversée par une balle qui avait fracturé le fémur et était venue se loger dans l'épaisseur de la cuisse droite. Le malade nous affirmait que la balle était restée dans la plaie; et, du reste, une sonde cannelée, introduite par l'orifice, pénétrait à une certaine profondeur qu'elle ne pouvait dépasser, à cause de l'irrégularité du trajet. Il y avait une douleur sourde, profonde, augmentant à la pression, et un gonflement général de la région. Mais malgré les recherches les plus multipliées faites tant par nous que par les chirurgiens prussiens, et quoique nous ayons pratiqué plusieurs incisions au niveau des points les plus douloureux pour faciliter nos explorations, il nous a été toujours impossible de découvrir le projectile. J'ignore si plus tard l'apparition de symptômes nouveaux aura mis sur la voie les chirurgiens qui ont vu le blessé après notre départ.

J'ai déjà parlé, à propos des trajets sinueux et réfléchis suivis par les balles d'un officier d'état-major blessé à Beaune-la-Rollande par une balle qui, ayant frappé la partie antéro-externe du condyle externe du fémur droit, était venue se loger dans le creux poplité. Ce cas a présenté des difficultés spéciales de diagnostic qui font que je désire en parler ici.

Le capitaine P... était à cheval et cherchait à ramener des mobiles débandés, quand il fut atteint d'avant en arrière par une balle prussienne. Il éprouva un choc assez violent à ce niveau, mais il fut convaincu que la balle n'avait atteint que la peau, et avait ricoché sur l'os pour tomber à terre. Il entra le jour même à notre ambulance de Bellegarde. En l'examinant, je ne trouvai qu'une plaie elliptique, horizontale, ayant à peine 1 centimètre de longueur sur 1/2 centimètre de largeur, placée sur la partie externe du condyle externe du fémur. La peau était enlevée assez nettement à ce niveau, et le fond de la plaie, peu profonde du reste, était formé par le condyle et les ligaments qui le recouvrent. L'articulation paraissait intacte, les mouvements étaient possibles et peu douloureux. La pression ne déterminait de la douleur qu'au voisinage immédiat de la blessure. Il n'y avait aucune sensation douloureuse dans la région rotulienne, ni au niveau du creux poplité, ni à la partie interne du genou. Le blessé considérait sa blessure comme une simple égratignure produite par une balle morte, et *affirmait, de la manière la plus catégorique, que la balle était retombée.* Après avoir palpé l'articulation et les régions voisines avec beaucoup de soin, je partageai ce jour-là l'opinion du blessé.

Mais le lendemain je lui trouvai une fièvre considérable. Le genou était devenu douloureux et tuméfié, les mouvements étaient impossibles, et il me vint à l'esprit que le projectile pouvait bien être dans la plaie, et que l'articulation pouvait bien avoir été atteinte. A mes questions sur la présence de la balle, il me fut fait les mêmes réponses très-nettes et très-négatives. Je ne pouvais songer à sonder la plaie, ce qui eût pu avoir les conséquences les plus graves en achevant d'ouvrir l'articulation si elle n'était pas ouverte, ou en y faisant pénétrer de l'air que l'obliquité du trajet aurait empêché d'entrer. Mais j'examinai de tous côtés ; je palpai, sans pouvoir constater la présence d'un corps étranger. Le malade me signala seulement un peu plus de douleur à la pression, au ni-

veau de l'angle inférieur du creux poplité et de la partie supérieure
du gras du mollet. Mes doigts ne purent sentir là un corps dur,
ce qui me fit penser que, si le projectile était resté dans la plaie, il
avait dû contourner le condyle externe pour se loger profondément
dans l'épaisseur des parties molles de la région poplitée. C'était là
une présomption à laquelle je m'arrêtai.

Mais je n'avais pas une certitude suffisante pour me permettre
d'agir, et il eût fallu n'avoir aucun doute pour songer à aller à la
recherche d'un projectile dans les profondeurs du creux poplité,
c'est-à-dire au milieu des vaisseaux et des nerfs si importants qui
occupent cette région, et au voisinage d'une articulation aussi
vaste.

Je me contentai d'ordonner des applications froides, des cataplasmes laudanisés, et une potion avec le sirop diacode pour
calmer les douleurs qui fatiguaient le malade. Pendant trois jours,
j'observai le malade sans être plus heureux dans mon examen.
Obligé de le quitter pour suivre à Nibelle le 20e corps, je le
confiai et le recommandai spécialement au major Ménecier, que je
laissais à Bellegarde à la tête d'une section de l'ambulance. Je
revins trois jours après pour constater l'état de nos blessés, et
spécialement celui du capitaine P..., qui me préoccupait d'une
manière toute particulière. Je le trouvai mieux : la suppuration
s'était établie, et l'écoulement s'en faisait facilement. Il était sorti
de la plaie une mèche de tissus mortifiés qui semblaient indiquer
un trajet assez long. L'articulation était moins tuméfiée, moins
rouge et moins douloureuse ; l'appétit était un peu revenu. La
fièvre persistait, mais moins intense. Le malade m'affirma de
nouveau qu'il n'y avait pas de balle dans la plaie, et le Dr Ménecier
me dit que telle était sa conviction, son examen ne lui ayant rien
révélé.

Néanmoins j'examinai, je palpai avec soin la région, et je ne
pus obtenir aucune résistance spéciale, aucune sensation de saillie
solide permettant de penser à la présence d'un corps étranger.

Ce jour-là nous apprîmes la défaite de l'armée française et la
retraite d'Orléans. Le capitaine P..., ne voulant point s'exposer
à être fait prisonnier, désira être évacué sur Gien. Il le fut sur

une charrette, par une température très-froide. Après quelques déplacements aussi pénibles, il fut enfin transporté à Clermont-Ferrand, où il entra à l'hôpital. Mais des voyages longs et fatigants, accomplis dans des conditions déplorables de température et avec des moyens de transport si peu favorables, durent contribuer à aggraver son état, et le capitaine P..., blessé le 28 novembre, mourut à Clermont dans les premiers jours de février 1871.

D'après les renseignements qui nous ont été donnés, des fusées purulentes s'étaient formées dans toute la région poplitée et dans la région postérieure de la cuisse, des hémorrhagies abondantes s'étaient produites à plusieurs reprises, des symptômes de résorption purulente s'étaient manifestés et avaient entraîné le malade au milieu d'un délire continuel.

Comme il l'avait fait devant nous, le capitaine P... avait constamment soutenu au médecin qui le soignait à Clermont que le projectile n'était point resté dans la plaie ; et malgré les contre-ouvertures qui avaient été pratiquées et l'examen attentif du membre, la balle n'avait point été reconnue, quand peu de jours avant la mort du blessé elle fut trouvée dans les linges des pansements. Le travail de suppuration et d'élimination gangréneuse qui se produisait dans la profondeur du membre avait dû rompre les brides qui la retenaient et lui permettre de venir au dehors.

J'ai tenu à citer ce fait comme un cas d'une difficulté extrême pour le diagnostic et très-embarrassant pour la conduite à tenir.

Je n'ai pas besoin d'insister sur les raisons qui s'opposaient à une exploration directe de la plaie. Le voisinage immédiat d'une grande articulation devait interdire toute manœuvre capable de déterminer l'ouverture de la synoviale, par la déchirure d'une cloison peut-être déjà très-amincie et très-compromise. La présence des gros vaisseaux poplités devait également faire craindre des hémorrhagies qu'il eût été bien téméraire de provoquer.

En supposant qu'une exploration directe fût permise, elle eût été, dans tous les cas, rendue très-difficile par la direction curviligne du trajet. Il y aurait eu une extrême imprudence à la faire avec un instrument solide, tel que sonde ou stylet, qui eussent pu provoquer des déchirures très-redoutables ; et pour la faire avec le doigt, on se trouvait en présence d'un orifice cutané trop étroit et qu'il eût fallu agrandir, ce qui ne m'eût pas paru moins imprudent. Si le projectile eût été découvert, il restait encore à examiner la conduite qu'il convenait de tenir. Fallait-il chercher à l'extraire, ou fallait-il attendre que les efforts de la nature en eussent effectué ou facilité l'élimination ? La réponse à ces questions eût naturellement dépendu de la position occupée par le projectile, et surtout de l'opinion que l'on aurait acquise de l'état de l'articulation, c'est-à-dire de sa lésion ou de son intégrité ; et, en définitive, il faut reconnaître que ces tentatives d'extraction du projectile pouvaient bien aboutir à la nécessité d'une amputation de la cuisse.

Mais le cas s'étant présenté avec une obscurité qu'il n'a pas été possible de dissiper, les seules ressources dont il a été rationnel d'user localement ont consisté en applications d'eau froide et en topiques calmants et émollients.

Il est seulement très-regrettable que le repos, qui eût contribué plus que tout autre moyen à atténuer les phénomènes d'inflammation, n'ait pas pu être observé au moment même où il était le plus nécessaire. L'amélioration notable que je constatai quelques jours après la blessure permet en effet de penser que l'expectation et le repos eussent conduit ce cas embarrassant à une solution heureuse.

HÉMORRHAGIES. — Le fait qui précède a présenté un exemple assez remarquable d'*hémorrhagies médiates*, c'est-à-dire d'hémorrhagies apparaissant assez longtemps après la blessure, sans avoir été précédées d'accidents semblables. Nous avons pu observer un certain nombre de cas d'hémorrhagies retardées ou d'hémorrhagies secondaires, dont quelques-unes ont donné lieu à des observations de quelque intérêt. Je vais les rapporter ici.

Un soldat reçut au combat de Ladon un coup de feu qui, ayant atteint le maxillaire inférieur au-devant du muscle masséter gauche, avait fracturé cet os, avait traversé ensuite la région sus-

hyoïdienne obliquement de haut en bas et de gauche à droite, et était venu sortir au niveau du bord supérieur de la moitié droite du cartilage thyroïde. Nous relevâmes le blessé au moment où il venait d'être frappé, et nous constatâmes une légère hémorrhagie qui s'écoulait par la bouche. La voix avait entièrement disparu. Des lotions et un pansement à l'eau froide suffirent pour arrêter cette hémorrhagie ; une fronde fut placée, et le malade, transporté dans notre ambulance de Bellegarde, y fut soigné sans nouvel incident pendant les deux premiers jours.

Le troisième jour, le blessé rendit en crachant une quantité notable de sang. On prescrivit des gargarismes froids et astringents, soit avec de l'eau vinaigrée, soit avec une solution légère de perchlorure de fer, et la perte de sang s'arrêta. Le quatrième jour, je fus appelé auprès du malade, qui venait de présenter une hémorrhagie bien plus abondante, dont l'écoulement se faisait également par la bouche : il avait déjà rendu plus de 500 gram. de sang environ. Mais ce qui me frappa surtout chez lui, ce fut la dyspnée qui, déjà prononcée quand j'arrivai auprès de lui, augmenta si rapidement que je songeai aussitôt à la nécessité de pratiquer la trachéotomie. On eut à peine le temps très-court de chercher les instruments, que le malade faisait quelques inspirations convulsives et ne donnait plus signe de vie. Je fis néanmoins l'opération, j'ouvris la trachée très-rapidement, j'introduisis une canule et je pratiquai la respiration artificielle et l'insufflation directe. Tout fut inutile, et la vie ne reparut point.

Les phénomènes présentés par ce blessé avaient naturellement éveillé dans notre esprit la pensée que l'artère laryngée supérieure droite avait été atteinte, et que, l'hémorrhagie se produisant au niveau de la glotte, lésée probablement aussi et incapable de se clore complètement, le sang avait pénétré dans la trachée et les bronches, et avait déterminé les phénomènes d'asphyxie qui avaient emporté le malade.

L'autopsie faite le lendemain confirma pleinement ce diagnostic, en nous présentant le bord supérieur droit du cartilage thyroïde, la membrane hyo-thyroïdienne et les cordes vocales de ce côté déchirés, déchiquetés, entourés de détritus et de caillots sanguins.

La trachée et les bronches étaient également obstrués par des caillots.

Si nous avions pu faire la trachéotomie avant que l'obstruction fût accomplie, nous eussions eu sans doute quelques chances de succès dont il ne faudrait pourtant pas exagérer la valeur. La présence de la canule aurait eu le double avantage de permettre la respiration et de fermer la trachée à l'entrée du sang. Nous aurions pu alors agir sur la partie supérieure du larynx à l'aide de topiques astringents portés avec un tampon ou une éponge fixés à une tige flexible. Mais si l'hémorrhagie avait persisté, ce qui est probable, il eût fallu recourir à la ligature de la thyroïdienne supérieure qui donne naissance à la laryngée supérieure. Cette opération, à cause des nombreuses anastomoses artérielles des vaisseaux de la région, aurait exigé, pour procurer une hémostasie complète, d'être accompagnée de la ligature, non-seulement de la thyroïdienne supérieure gauche, mais encore des deux thyroïdiennes inférieures. Il n'était pas permis d'ailleurs de songer à chercher l'artère laryngée dans la plaie, et d'en tenter la ligature directe. Outre en effet que ce vaisseau est d'un petit calibre, et par conséquent d'une recherche très-difficile, la position de la blessure permettait de penser sûrement que le vaisseau avait dû être rompu au voisinage de son origine sur la thyroïdienne, et par conséquent dans un point où il était illusoire et irrationnel de tenter une ligature. Cette dernière circonstance même permettrait d'expliquer la facilité avec laquelle les hémorrhagies se sont reproduites.

Voici un autre exemple d'hémorrhagie consécutive à une lésion de l'appareil respiratoire. Nous amenâmes de Ladon à Bellegarde un soldat prussien qui avait reçu une balle sur la face antérieure du côté gauche du thorax, au niveau de l'intervalle qui sépare la troisième de la quatrième côte. Le projectile avait traversé le thorax d'avant en arrière, et était sorti sur la face postérieure en dedans du bord spinal de l'omoplate. Le poumon avait été traversé ; le malade avait craché du sang encore trois jours après avoir reçu sa blessure ; la dyspnée était assez prononcée : il n'y avait pas d'emphysème. On trouvait une matité considérable à la percussion dans tout ce côté du thorax ; on n'entendait pas le murmure respiratoire. Le malade avait une fièvre vive, de l'anxiété, de la toux. La plaie antérieure fournissait un écoulement séro-purulent d'une médiocre abondance; la plaie postérieure suppurait légèrement. La dyspnée et l'anxiété faisaient des progrès, quand, deux jours après son entrée à l'ambulance, ce blessé fut pris brusquement, à la suite d'efforts de toux, d'un écoulement très-abondant par la plaie antérieure. Cet écoulement, qui augmentait avec les efforts d'expiration, était composé de sérosité fortement sanguinolente. Il sortit ainsi un demi-litre de liquide au moins. Des sinapismes furent mis aux extrémités inférieures et des applications froides au niveau de la plaie : l'écoulement s'arrêta, et le blessé se trouva relativement soulagé.

Il respirait plus librement. Mais la dyspnée reparut bientôt, et le lendemain il survint encore brusquement un écoulement analogue à celui de la veille. Cependant l'état général s'aggravait, les forces disparaissaient rapidement; et quand nous quittâmes le blessé, peu de jours après, nous ne gardions aucun espoir pour la conservation de sa vie. Nous n'avons pas su ce qu'il était devenu.

Cette intermittence d'évacuation de la cavité pleurale avait attiré notre attention sur ce cas de lésion thoracique. Le liquide fourni par la plaie n'était pas formé de sang pur; mais il y a lieu de penser qu'il était constitué par de la sérosité pleurale à laquelle s'était mêlée une forte proportion de sang. Quelle était l'origine de ce sang? Provenait-il des vaisseaux mêmes du poumon ou d'un des vaisseaux intercostaux? C'est à cette dernière opinion que nous nous sommes rangés, quoique nous ne puissions pas douter que le poumon lui-même ait été lésé. Notre conviction s'appuie sur cette circonstance que les crachats sanguinolents qui avaient existé au début avaient disparu, ce qui n'aurait très-probablement pas eu lieu si le poumon eût fourni lui-même le sang de l'épanchement. Je suis donc porté à penser que l'artère intercostale, ou l'une de ses branches, ou une branche de la mammaire interne, devaient avoir été lésées. Enfin, pour expliquer ces intermittences si complètes d'écoulement du liquide pleural, il est naturel de croire que des adhérences récentes, formées au niveau de la plaie entre la plèvre pariétale et le poumon, avaient dû céder, tant à l'accroissement rapide de l'épanchement séroso-sanguin qu'aux mouvements brusques provoqués par les efforts de toux ou d'expiration. Ce qui vient à l'appui de cette explication, c'est que la blessure, depuis le moment où nous l'avons vue pour la première fois jusqu'à l'apparition subite de cet écoulement séroso-sanguin, n'était accompagnée d'aucune trace d'emphysème et ne présentait, pendant les mouvements respiratoires, aucune variation notable dans l'écoulement purulent. Celui-ci semblait naître là d'une plaie tout à fait superficielle et sans communication avec le soufflet thoracique.

Quant à la possibilité de l'action chirurgicale, elle était bien restreinte. Le Dr Leenhardt, dans le service duquel était le malade, avait appliqué sur la plaie un pansement simple, et songeait à soutenir les forces du malade et à combattre la toux. J'ai dit ce qui avait été fait pour arrêter l'écoulement. Pour en prévenir le retour, on aurait pu penser à une ligature si le diagnostic n'eût pas été entouré d'obscurité, et si surtout l'état général du malade, dont le pouls était à la fois très-fréquent et filiforme, la peau chaude et la maigreur extrême, avait permis d'espérer quelque chose d'une opération.

Nous avons observé à l'Isle-sur-le-Doubs deux cas d'hémorrhagies retardées à la suite de blessures du membre inférieur.

Un soldat avait reçu un éclat d'obus au niveau de la partie antérieure et supérieure de la jambe droite. La plaie était étroite, profonde, et pénétrait dans l'intervalle du tibia et du péroné, au niveau des parties supérieures des muscles tibial antérieur et extenseur commun des orteils. Il n'y avait qu'un orifice, et le projectile avait été déjà retiré de la plaie. Il n'y avait pas eu d'hémorrhagie notable avant l'arrivée du malade, et quand nous le vîmes pour la première fois nous considérâmes son état comme peu sérieux. La plaie fut pansée avec de la charpie imbibée d'eau phéniquée.

Vers le dixième jour de la blessure, nous fûmes appelé auprès du blessé pour une hémorrhagie abondante. Le Dr Leenhardt bourra la plaie de charpie imbibée d'une solution de perchlorure de fer, et appliqua un bandage circulaire compressif : l'écoulement de sang s'arrêta, mais non sans avoir rougi les linges à pansement. L'hémorrhagie ne s'était pas reproduite. Au bout de quelques jours, sur les instances du malade, que cette compression fatiguait, nous enlevâmes les bandes et la charpie, et nous appliquâmes un pansement simple à l'eau phéniquée. Le surlendemain, l'hémorrhagie reparut avec violence, et nous eûmes beaucoup de peine à l'arrêter avec le perchlorure et la compression exercée sur la plaie même à l'aide d'un bandage circulaire, et sur l'artère fémorale avec un tourniquet de Jean-Louis Petit.

L'hémorrhagie ne se reproduisit pas, mais il y eut du gonflement de la jambe et du pied ; et quelque jours après, ces parties, qui étaient devenues le siége d'une tension considérable, présentèrent des phénomènes graves. Elles prirent une teinte livide, ecchymotique même sur certains points, et devinrent froides et très-douloureuses. Nous eûmes beau enlever le bandage circulaire, craignant qu'il n'eût occasionné une interruption fâcheuse de la circulation veineuse : les phénomènes locaux, loin de se modifier, s'aggravèrent. Du reste, l'état général du blessé était parfaitement en harmonie avec ces signes de débilité locale : le pouls était très-petit et fréquent, la température de la peau était faible, les forces avaient disparu, du délire était survenu ; et, quand nous nous demandâmes s'il n'y aurait pas lieu d'amputer le membre, nous fûmes détournés de cette entreprise par la situation déplorable des forces du blessé. Celui-ci mourut peu de jours après, avec une jambe très-tuméfiée, verdâtre sur certains points, ecchymosée sur d'autres.

Ce malade a été pour nous le sujet de réflexions sérieuses. Nous nous sommes demandé si notre conduite avait été toujours rationnelle et s'il n'y aurait pas eu moyen d'être plus heureux.

Lors de la première hémorrhagie, il était très-sage de penser

à une application de perchlorure de fer : la forme elle-même de
la plaie, étroite et profonde, rendait cette application facile et en
assurait le succès. Mais quand nous vîmes l'hémorrhagie se renouveler si facilement et si abondamment, nous suffisait-il de
renouveler ce pansement qui, s'il arrêtait l'écoulement à l'extérieur, pouvait avoir et a eu en réalité pour effet d'accumuler
le sang épanché dans des poches formées dans les interstices musculaires, dans les gaînes des muscles et des artères, et de provoquer un état gangréneux du membre? C'est là ce que nous nous
demandons. Que pouvions-nous faire? Ou pratiquer la ligature
de l'artère blessée, ou celle de la fémorale, ou amputer la cuisse
au lieu d'élection, c'est-à-dire aussi bas que possible. La ligature de l'artère tibiale antérieure, qui était très-probablement le
siége de l'hémorrhagie, n'était guère praticable, soit à cause de
la profondeur du vaisseau à ce niveau, soit à cause de la difficulté
extrême qu'il y eût eu à le trouver dans cette plaie irrégulière
et altérée par le perchlorure. D'ailleurs, nous pouvions nous
demander si l'artère n'était pas ouverte au voisinage du point où
elle traverse le ligament interosseux, et où par conséquent elle
n'est pas susceptible d'être liée. Pour ces motifs, nous n'avons
pas songé à la ligature de la tibiale dans la plaie.

Pour la ligature de la fémorale, les mêmes motifs d'absten-
tion n'existaient pas. Mais comme une première fois le perchlorure, aidé de la compression, avait conjuré les accidents,
nous crûmes devoir éviter au blessé une opération aussi grave,
et nous en tenir aux moyens employés déjà si efficacement. Nous
le crûmes d'autant plus que le blessé était très-affaibli par les
fatigues, et que nous redoutions les conséquences de la ligature
d'un gros vaisseau. Il y avait pourtant alors quelques chances
pour le succès de l'opération. Quand au contraire nous reconnûmes l'état si compromis du membre inférieur, il était trop
tard pour songer à une ligature. La gangrène du membre en
aurait été fatalement la conséquence. L'amputation seule était
possible, mais l'état général nous la défendait. Nous nous
trouvâmes donc désarmés, pour avoir hésité et n'avoir pas pris
une résolution énergique quand il en était encore temps.

Le second blessé qui nous a présenté des hémorrhagies sérieuses des artères du membre inférieur avait reçu une blessure
de la région crurale, à 4 ou 5 centimètres au-dessous du ligament
de Poupart et au niveau du bord interne du muscle couturier.
Cette plaie étroite, profonde, irrégulière, causée par une balle
qui était sortie par la face postérieure de la cuisse, donna
lieu à plusieurs hémorrhagies retardées, qui ne furent pas très-
abondantes grâce aux applications de perchlorure et à la compression artérielle.

Pensant que l'hémorrhagie provenait d'une blessure de l'artère fémorale ou de la fémorale profonde près de son origine,
nous nous demandâmes s'il n'y avait pas lieu de pratiquer une
ligature ; et nous avions pris la résolution de lier l'iliaque
externe, quand nous renonçâmes à cette opération, en considération de la faiblesse extrême du malade et de la gravité de l'état
général.

Le malade, atteint d'une diarrhée incessante qui avait ruiné
ses forces, mourut en effet dans la journée, sans qu'une nouvelle
hémorrhagie fût survenue.

Ce blessé était resté peu de jours dans l'ambulance. Arrivé
après avoir essuyé sans doute des pertes de sang considérables,
il était déjà très-affaibli. Une ligature faite ce jour-là eût peut-
être permis de conserver ses jours ; mais surchargés de travail,
en présence d'un nombre beaucoup trop considérable de cas graves et pressants, nous songeâmes d'autant moins à cette opération que nous ignorions qu'il y eût là une source opiniâtre
d'hémorrhagie ; et quand cela nous fut démontré, il était déjà
trop tard.

Ces deux faits, qui se présentèrent simultanément à notre
observation, éveillèrent en nous cette réflexion : qu'on tarde
toujours trop à employer pour les hémorrhagies qui se renou-
vellent les moyens radicaux de la ligature, et même l'amputation
quand la ligature est impossible ou contre-indiquée.

Le perchlorure de fer, qui est d'un si précieux secours pour le
chirurgien, est en même temps un piége et une tentation pour.

lui. Par la facilité de son emploi et la promptitude de son action, il endort la vigilance et fait souvent perdre l'occasion qui ne se retrouve pas. Il faut en user, mais comme d'un ami compromettant quand il n'est pas directement utile.

TÉTANOS. — Nous avons observé deux cas de tétanos parmi nos blessés. Le premier se déclara chez un militaire qui avait reçu un éclat d'obus à la partie antérieure de l'épaule gauche, au niveau du col chirurgical de l'humérus. Le projectile, qui devait avoir plusieurs centimètres carrés de dimension, avait fait une large ouverture irrégulière de 5 centimètres de diamètre environ, aux dépens de la partie antérieure du deltoïde. Une seconde ouverture, de dimensions moitié moindres, existait sur la partie postéro-externe du deltoïde, et constituait l'orifice de sortie. Ces deux orifices étaient séparés par un pont cutané et musculaire de 3 centimètres de largeur. Au fond de la plaie antérieure on voyait à nu la partie supérieure de l'humérus composée d'esquilles et de fragments de dimensions diverses. Les esquilles enlevées, nous pûmes constater, par la vue et le toucher, que la partie correspondant aux cols anatomique et chirurgical de l'humérus avait été entièrement fracassée, que la tête de l'humérus, séparée ainsi de l'os, avait été creusée, que son tissu spongieux avait été tassé et mâché, soit directement par les projectiles, soit par les fragments osseux voisins, et qu'on ne pouvait espérer la conserver. Nous nous assurâmes également que le corps de l'humérus était intact au-dessous de son quart supérieur. La région axillaire proprement dite n'avait pas été atteinte. Après cet examen, nous n'hésitâmes pas à faire la résection des parties lésées de l'humérus. Le blessé, robuste et bien disposé, accepta l'opération avec satisfaction, car il n'avait pas espéré conserver son membre.

Prenant pour point de départ la plaie antérieure, je fis, à partir de son sommet supérieur, une incision oblique de bas en haut et de dehors en dedans, entre l'acromion et l'apophyse coracoïde et remontant jusqu'à 1 centimètre environ de la clavicule. A l'extrémité inférieure de la plaie, je fis également une courte incision destinée à découvrir la portion de l'humérus qu'il convenait d'enlever. A l'aide de la scie à chaîne, et en ayant bien soin de respecter le périoste, je sciai l'extrémité supérieure du fragment inférieur, de manière à ne conserver que les parties de l'os saines et auxquelles le périoste était adhérent. Saisissant ensuite la tête humérale avec un fort davier, je détachai successivement des petit et grand trochanters et du col anatomique la capsule articulaire et les tendons des muscles sous-scapulaire, sus et sous-épineux, petit rond. Je me servis pour cela de détaches-tendons en forme de rugines, à bords convexes ou concaves, de manière à racler exactement l'os et à laisser dans la plaie tous ces tissus fibreux propres à favoriser la reproduction d'une masse osseuse qui pût suppléer, dans de certaines limites, à l'os enlevé. Le tendon de la longue portion du biceps fut conservé intact, et la tête humérale fut enlevée. Nous pûmes constater alors encore mieux qu'elle avait été évidée et que son tissu spongieux était broyé.

L'opération dura trois quarts d'heure environ. Il n'y eut qu'à lier deux petites artères. Le patient avait été chloroformisé.

L'opération terminée, la plaie fut modérément garnie de charpie douce et humectée avec de l'eau froide. Je plaçai dans l'angle inférieur deux grosses mèches cératées, dont l'une avait son extrémité interne dirigée vers le cul-de-sac supérieur de la fosse produite par l'extraction de l'os, et dont l'autre au contraire plongeait dans le cul-de-sac inférieur. Une mèche fut également placée dans l'orifice postérieur. On appliqua un bandage modérément serré qui prenait point d'appui autour de l'épaule saine et autour du thorax. L'opéré fut placé dans son lit, et, à défaut de gouttière spéciale, l'épaule et le membre gauche furent convenablement placés sur un coussin, et l'immobilité fut recommandée au malade. Une potion calmante et antispasmodique lui fut donnée.

Les premiers jours se passèrent fort bien; la fièvre fut assez vive, mais conserva un bon caractère. Le pouls, quoique fréquent, présenta toujours assez de force et de régularité. La langue fut bonne; les bouillons furent bien supportés. De la décoction de quinquina fut donnée régulièrement, et le malade put de bonne heure être alimenté. La plaie, qui donnait une suppuration très-abondante et de bonne nature, prit un aspect de plus en plus satisfaisant : elle était rose et bourgeonnante ; on la pansait tous les jours avec de la charpie imbibée d'eau phéniquée et d'alcool camphré. A chaque pansement, des injections d'eau phéniquée étaient faites à l'aide d'une seringue, de manière à déterger la plaie et à nettoyer tous les culs-de-sac.

La cicatrisation faisait des progrès, et nous concevions des espérances de guérison rapide même, quand le dixième jour environ le malade nous prévint qu'il avait éprouvé quelques contractions douloureuses du deltoïde. Nous n'attachâmes pas d'abord une grande importance à ce phénomène; mais le surlendemain survint du trismus accompagné de contractions toniques douloureuses des muscles de la nuque et du membre opéré. Peu à peu le tétanos se généralisa et entraîna en trois jours la mort du malade.

Dès le début du tétanos, on ordonna au blessé du chloral à la dose de 5 et 6 gram. par jour, et on lui fit des injections hypodermiques avec une solution très-concentrée de chlorhydrate de morphine. Sous l'influence de cette médication, le malade dormit et le mal s'amenda. Mais il reprit ensuite toute sa violence, et, malgré la continuation de la médication précédente, il succomba le quinzième jour après l'opération.

Nous avons été plus heureux pour un second cas de tétanos, qui a été observé dans la salle de la Mairie. Un Belge, fort et vigoureux, engagé volontaire dans les zouaves, avait été atteint sur la face externe de la cuisse droite par un éclat d'obus qui avait fait là une plaie n'intéressant que les parties molles. Cette plaie, assez profonde, elliptique, avait son grand axe parallèle à l'axe du membre, et présentait environ 7 centimètres de largeur sur 12 de longueur. Elle s'était recouverte de bourgeons charnus et marchait rapidement vers la cicatrisation, lorsque vers le vingtième jour le malade se plaignit de trismus. Les dents étaient serrées et leur écartement ne pouvait dépasser 1 et quelquefois 2 millimètres. Les muscles de la nuque étaient un peu

9

contractés et douloureux, mais moins que ceux des maxillaires. La plaie continuait à avoir un bel aspect. Elle était badigeonnée avec la solution au nitrate d'argent au 30°, et recouverte de charpie au glycerolé d'amidon. Je fis couvrir le malade et lui fis donner des infusions chaudes, de manière à provoquer la transpiration; je prescrivis, de plus, une potion avec 5 gram. de chloral à prendre dans les vingt-quatre heures, et je fis le soir une injection hypodermique avec 8 gouttes d'une solution concentrée de chlorhydrate de morphine.

Dès le lendemain, les symptômes s'amendèrent; ils continuèrent pendant quelques jours, en présentant à divers intervalles un peu d'exacerbation, et ils finirent par disparaître entièrement. La médication au chloral fut continuée tout le temps. Vers la fin de cette atteinte tétanique il apparut, à la face postérieure du bras droit, immédiatement au-dessus de l'articulation du coude, une douleur très-vive à la pression, avec rougeur et gonflement. Ces derniers symptômes s'accrurent, s'étendirent et me firent craindre un phlegmon du bras : ils étaient accompagnés de chaleur et de fréquence dans le pouls. Des frictions furent faites avec l'onguent mercuriel belladoné, et des cataplasmes furent employés d'une manière permanente. Sous l'influence de cette médication le mal se modéra ; mais quand nous partîmes de l'Isle-sur-le-Doubs, le malade n'était pas encore guéri et tout semblait faire craindre la formation d'un abcès.

Le premier cas de tétanos que j'ai rapporté ici peut être expliqué par l'étendue de la plaie du bras et par le voisinage du plexus brachial de l'extrémité osseuse supérieure de l'humérus. Cette extrémité, mise en mouvement toutes les fois que le blessé exécutait quelque changement de position du tronc, et par conséquent à chaque pansement, pouvait frotter contre les troncs nerveux et les muscles, et les exciter. Je suis d'autant plus disposé à accepter cette explication que le défaut d'une gouttière qui eût embrassé à la fois le membre et la partie supérieure du tronc, ou tout au moins l'épaule et le dos jusqu'à la ligne médiane, que le défaut, dis-je, de cette gouttière, nous avait empêché d'immobiliser complètement cette partie de membre dépourvue de squelette articulaire, et par conséquent d'une mobilité et d'une flexibilité excessives.

Je ne puis m'empêcher de rapprocher ce fait d'un autre fait intéressant, où la cause du tétanos fut à la fois démontrée et supprimée d'une manière vraiment remarquable. Un jeune homme, tenant son fusil de chasse de la main gauche et par la partie supérieure du canon, se laissa tomber en faisant des efforts pour grimper sur un tombereau en marche. Le fusil tomba également et vint frapper le sol par le chien, tandis que dans la chute le bout du canon venait s'appliquer sur la face interne de la cuisse droite, à cinq travers de doigts au-dessus de la tubérosité du condyle interne. Le coup partit, et le gros plomb fit naturellement balle à une si faible distance de l'arme.

Le fémur fut rencontré et fracturé, et il n'y eut pas d'orifice de sortie. Appelé auprès du blessé, je le vis avec le Dr Leenhardt, le lendemain du jour de l'accident. Déjà les Drs Thedenat (de la Vacquerie) et Roquefeuille père et fils (du Caylar) avaient été appelés auprès du blessé et avaient placé un appareil contentif ordinaire.

La plaie d'entrée était peu étendue, irrégulière, et pouvait recevoir le doigt. L'introduction de ce dernier permettait de constater que le fémur avait été fracturé et que plusieurs esquilles de faibles dimensions en étaient séparées. Très-heureusement, le coup était passé précisément au-devant de l'artère fémorale, et avait pour ainsi dire rasé cette artère au point où elle se loge dans l'aponévrose du grand adducteur pour devenir artère poplitée : l'artère était donc intacte ; le doigt la sentait battre et pouvait constater qu'elle n'avait pas été atteinte. Il n'y avait du reste pas eu d'hémorrhagie. L'examen de la cuisse nous fit reconnaître sur la face externe, à la réunion du tiers moyen avec le tiers supérieur, un point où la peau était rouge, amincie, et qui cédait facilement à la pression et donnait la sensation d'une cavité pleine de liquide. Nous pensâmes que c'était la position qu'eût occupée l'orifice de sortie s'il eût existé. Cette opinion était du reste en parfait accord avec la direction de la première partie du trajet de la charge, et avec la position connue du fusil au moment de l'accident. Nous incisâmes largement cette peau altérée, tant pour favoriser l'écoulement du sang qui s'y était extravasé et des liquides purulents ou sanieux qui ne manqueraient pas de s'y accumuler, que pour retirer les grains de plomb, les lambeaux de pantalon et les débris osseux que nous soupçonnions devoir s'y trouver. Tous ces résultats furent heureusement atteints, et nous pûmes extraire quelques grains de plomb et quelques esquilles; du sang noir, fluide et en caillots, et des débris de tissus mâchés sortirent également par l'ouverture.

Le sujet étant fort, vigoureux, très-sain, dans d'excellentes conditions, placé à la campagne dans une habitation isolée sur le plateau du Larzac; la fièvre étant modérée, le pouls bon, développé, modérément fréquent, le moral étant excellent, nous ne nous arrêtâmes pas à la pensée d'une amputation, et nous espérâmes fermement qu'avec le temps, et en maintenant le membre dans l'immobilité, nous arriverions à une soudure osseuse et à une guérison. Éloignés de tout centre de ressources, nous construisîmes à la hâte, autour d'un tronc d'arbre du volume de la cuisse, un bandage à la colle forte, que nous fîmes rapidement sécher devant un grand feu; cela fait, nous le fendîmes pour en faire une gouttière dans laquelle nous plaçâmes le membre après l'avoir garni de coton cardé. On donna au malade quelques potions laudanisées, et recommandation fut faite de contenir le membre dans l'immobilité, de faire soigneusement les pansements et de maintenir les plaies dilatées avec des mèches, afin de favoriser l'écoulement des liquides et la sortie des corps étrangers et des esquilles. Il fut également recommandé de nourrir le malade dès que l'abaissement de la fièvre le permettrait.

Nous quittâmes le blessé le lendemain, après avoir constaté déjà une amélioration dans son état général. Le pouls était large, peu fréquent, et la langue était humectée, large et peu chargée; il souffrait peu de sa blessure et conservait un moral aussi bon qu'on pût le désirer. Nous partîmes donc pleins d'une confiance que vinrent confirmer les nouvelles reçues les jours suivants. La fièvre disparut; au bout de quelques jours l'appétit revint, une suppuration de bonne nature s'établit; la plaie externe donna issue à de courts intervalles aux grains de plomb restants, à des lambeaux d'étoffe et à quelques esquilles ; puis l'écoulement diminua rapidement de ce côté pour se faire surtout par la plaie interne ou plaie d'entrée. Mais au vingt-cinquième jour, alors que tout paraissait marcher pour le mieux, le malade, dont le membre était mal contenu dans la gouttière, y éprouva des soubresauts et des contractions douloureuses.

Au bout de deux ou trois jours survint du trismus en même temps qu'un peu de raideur des muscles de la nuque. Des opiacés furent donnés sans résultat, et le tétanos semblait au contraire s'aggraver et s'étendre, quoique la plaie et la suppuration conservassent un bon aspect. Les Drs Thédenat et Roquefeuille, jugeant avec raison que les accidents étaient dus aux mouvements du membre et à l'excitation que les extrémités aiguës des os provoquaient sur les muscles et les nerfs, résolurent de condamner le membre à une immobilité parfaite. Pour cela, ils coulèrent simplement autour du membre du plâtre délayé, comme l'aurait fait un mouleur pour en prendre le moule ; l'enveloppe de plâtre fut étendue du pli de l'aine et du pli fessier à la plante du pied, de telle sorte qu'il y eût immobilisation parfaite et immédiate. Immédiatement aussi, et comme par enchantement, s'amendèrent et disparurent les symptômes de tétanos.

On pratiqua à l'enveloppe de plâtre une ouverture au niveau de la plaie interne, qui seule fournissait une quantité notable de pus. Quelques esquilles sortirent encore par cet orifice resté seul ouvert. Au bout de quarante jours environ, le malade se plaignant de douleurs vives au niveau du talon, on cassa la boîte de plâtre et on trouva le membre consolidé. Seulement des eschares s'étaient formées dans le pli périnéo-fessier et au niveau du tendon d'Achille. Ces eschares se détachèrent, la cicatrisation se fit rapidement, et peu de temps après le blessé put marcher avec des béquilles. La fracture était bien consolidée, mais la fistule interne persistait et laissait sortir parfois de petits fragments osseux. Enfin, au bout de six mois environ, tout était rentré dans l'ordre, et le malade marchait aidé d'un bâton. Le membre avait 4 centimètres de raccourcissement environ.

J'ai tenu à rapprocher ce cas de tétanos du précédent, parce qu'il m'a paru devoir être rapporté à la même cause, et parce qu'il a présenté une étonnante rapidité dans la disparition des phénomènes tétaniques dès que la cause en a été supprimée.

Dans les deux cas que nous avons observés pendant la campagne, le traitement par le chloral a été essayé. Il a paru produire une certaine rémission dans les symptômes. Mais le résultat, malheureux dans un cas grave, et heureux dans l'autre cas qui l'était évidemment bien moins, nous fait craindre qu'on puisse dire de ce médicament ce qu'il n'est que trop juste de dire des médications employées jusqu'à présent contre le tétanos : c'est que, suffisantes pour la cure des cas légers, elles sont impuissantes contre les cas graves. Le tétanos que nous observâmes chez le volontaire belge nous avait laissé espérer une heureuse terminaison, parce qu'il nous paraissait dû à un refroidissement, et n'avait pas de point de départ traumatique. Ce malade se trouvait en effet exposé à un courant d'air froid et humide ; son lit était placé entre deux croisées opposées dont les vitres, brisées par l'explosion du pont sur le Doubs, n'avaient pu être remplacées, le verre manquant dans ce pays occupé par l'ennemi.

DOULEUR. — La douleur est un élément avec lequel on ne compte pas à la guerre et sur les champs de bataille. Elle est la monnaie avec laquelle on achète la victoire ; et il est naturellement bien rare que ceux qui commandent les armées hésitent à la prodiguer pour une acquisition si enviée. Il n'y a pas lieu de les en blâmer. Les lois de la guerre le veulent ainsi, et c'est leur devoir de s'y conformer. Mais il appartient aux membres du corps médical militaire de se préoccuper sérieusement de cet élément qui les déborde et qui les inonde, lorsqu'ils sont appelés à suivre une armée en campagne. A force de voir souffrir et de demeurer impuissant, on finit par considérer la douleur comme inévitable, et à la regarder comme une atmosphère au milieu de laquelle il convient de vivre sans trop s'inquiéter de ce qu'elle a d'affligeant. Le pronostic des lésions ! voilà certainement la préoccupation par excellence du chirurgien d'armée, et les souffrances du présent s'effacent à ses yeux devant la considération de l'avenir.

Je ne dirai pas qu'il n'y ait rien de légitime dans cette subordination intellectuelle. Je pense même que si ,

> En toute chose , il faut considérer la fin ,

c'est surtout en chirurgie qu'il convient de le faire. Mais il y a là une question de mesure, et il serait opportun , je crois , de songer un peu plus à lutter contre la douleur chez les victimes de la guerre. L'humanité y trouverait son compte ; mais il n'est pas douteux que la pratique chirurgicale y trouvât aussi le sien , car la douleur entraîne avec elle des troubles généraux et locaux qui compromettent la cure des lésions et le succès des opérations chirurgicales.

Les blessures par armes de guerre ne sont point toutes également douloureuses, et celles qui le deviennent ne le sont pas dans toutes les périodes de leur durée. On sait que la douleur est le plus souvent faible et à peine sensible au moment même où la blessure est reçue. Il y a alors une sensation de choc et de coup sec. La victime se sent frappée bien plus que blessée. Les exemples abondent de militaires qui, atteints d'une blessure grave, n'acquièrent la certitude de la pénétration du projectile que par la vue du sang qui s'échappe de la plaie. J'ai entendu un officier supérieur à qui une balle, pénétrant par la région crurale , avait cassé le col du fémur, tandis qu'il était à cheval, nous dire qu'il n'avait eu qu'une sensation locale de choc sec, et que sa blessure ne lui avait été révélée que parce que le membre inférieur avait brusquement abandonné l'étrier et n'avait pu y être replacé. Les émotions et l'ivresse du combat, aussi bien que la soudaineté et le caractère stupéfiant du choc très-énergique du projectile, servent à expliquer ce silence de la douleur.

Mais , les premiers moments passés , l'inflammation se déclare; les fragments osseux pénètrent dans les chairs et les blessent; le projectile, s'il est resté au milieu des tissus , les irrite ; les articulations ouvertes se vascularisent et s'enflamment; les parties contuses et blessées se gonflent et s'étranglent; la peau voisine

se tend et s'injecte; des douleurs vives se déclarent; et le soir
d'un jour de bataille, la plupart des blessés recueillis dans les
Ambulances, ou couchés encore sur le terrain, sont en proie à
des souffrances vives qui leur arrachent des gémissements. Les
jours suivants sont pour quelques-uns marqués par un soulagement plus ou moins rapide; mais pour d'autres, au contraire,
ils constituent des jours d'angoisses et de douleurs croissantes.
Les lésions articulaires, en particulier, deviennent le siège d'élan-
cements intolérables; les blessures des organes pulmonaires s'ac-
compagnent de dyspnée, d'une gêne des plus pénibles et souvent
de vives douleurs thoraciques; la péritonite aiguë tourmente les
blessés atteints de plaies abdominales : et enfin les malheureux
atteints de mutilations multiples et fatales restent livrés à leurs
souffrances physiques et aux tristesses morales qui résultent de
la sombre contemplation de leur état.

Il y a pourtant un moyen facile, prompt, d'un effet immédiat et presque certain d'accorder à ces malheureux le bénéfice de quelques heures de trêve, et de leur procurer ce sommeil de la nuit qui ne saurait jamais être plus précieux que
dans ces circonstances : je veux parler des injections opiacées
hypodermiques. Ce moyen est certes connu, et depuis plusieurs
années passé dans la pratique ordinaire; et pourtant il n'est pas,
que je sache, accepté et généralisé comme il devrait l'être dans
la chirurgie militaire en campagne. La petite seringue de Pravaz,
qui devrait se trouver dans la poche de tous les médecins d'armée,
ne figure pas même dans le catalogue des instruments, je ne
dirai pas du sac d'ambulance qui doit accompagner chaque ba-
taillon, mais même du caisson d'ambulance, qui constitue l'arse-
nal le plus complet de la chirurgie de campagne[1].

Et cependant, qui peut dire la somme de douleur qu'épargne-
rait un médecin qui, le soir d'une bataille, irait d'un blessé à
l'autre, muni de sa petite seringue d'une main, et d'un flacon
rempli d'une solution concentrée de morphine de l'autre, et qui,
s'arrêtant avec discernement à ceux que tourmente le plus la dou-

---

[1] Voir Legouest; *Traité de chirurgie d'armée*, 1863.

leur, et chez lesquels une réaction suffisante s'est opérée, leur instillerait rapidement sous la peau quelques gouttes capables d'endormir le corps en même temps que la douleur. Une minute suffit pour cette courte opération ; et pour peu que notre zélé confrère eût prolongé son œuvre nocturne, il aurait la satisfaction d'avoir répandu les douceurs du sommeil et le privilége de l'anesthésie sur bien des souffrances intolérables.

Ce qu'il serait possible de faire sur le champ de bataille devient plus facile encore dans les locaux où sont apportés provisoirement les blessés, et où ils ne trouvent le plus souvent pour lit de repos qu'une mince couche de paille. Mais là où l'œuvre deviendrait encore plus facile et pourrait être d'un emploi plus régulier, ce sont les Ambulances stationnaires, ce sont les locaux que l'on a disposés pour y recevoir des blessés et leur y donner des soins plus ou moins prolongés. Pendant le jour, la vue de la lumière, le mouvement qui se fait autour des malades, les heures des repas et des pansements, sont autant de distractions qui détournent l'attention de ceux qui souffrent et qui atténuent la conscience de leur douleur ; mais quand arrive la nuit avec son cortége de silence, d'obscurité, avec la fatigue accumulée de la journée, avec le besoin de repos qui ne peut être satisfait, l'agitation physique et les sombres préoccupations morales s'éveillent ; il y a exacerbation de la douleur, et certains blessés, tourmentés par la fièvre et par la souffrance, passent la nuit à exhaler des plaintes ininterrompues.

En écrivant ces lignes, j'ai devant les yeux bon nombre de nos blessés de Bellegarde et de l'Isle-sur-le-Doubs. Je me souviens particulièrement de plusieurs soldats, atteints de plaies pénétrantes du genou, qui étaient arrivés dans notre Ambulance avec des arthrites purulentes excessivement douloureuses, et que l'état suraigu de l'inflammation nous empêchait d'amputer dès leur arrivée. Je pourrais encore citer des blessés atteints de fractures comminutives du fémur, de blessures graves du coude ou de l'épaule, et particulièrement un soldat prussien qui avait eu les deux articulations de l'épaule fracassées par des projectiles. Quand ce malheureux, que nous ne pouvions voir sans une profonde pitié, nous fut apporté, sa double blessure datait de plusieurs jours. Les deux régions de l'épaule étaient fortement tuméfiées; les os fracassés produisaient à la palpation cette sensation que l'on a caractérisée en la comparant à celle d'un sac de coques de noix concassées; les tissus étaient enflammés, gorgés d'un sang noir, épanché également dans la cavité de l'aisselle. La peau était ecchymosée et bleuâtre; les forces avaient disparu; le pouls était petit, dépressible. En présence d'un pareil état local et général, nous ne pûmes pas pratiquer une double désarticulation ou une double résection de l'épaule, et il ne nous resta qu'à donner à ce malade les soins capables d'adoucir autant que possible l'amertume de ses derniers jours.

J'ai déjà parlé, à propos des larges plaies d'obus, de ce mobile de la Savoie qui avait les deux genoux ouverts et fracassés. C'était encore une vie pour la conservation de laquelle nous ne pouvions rien, et dont il fallait rendre les derniers moments moins douloureux.

A toutes ces douleurs morales autant que physiques, nous avons été heureux d'opposer le sommeil de la nuit, et nous avons pour cela largement employé les injections hypodermiques, qui, sans troubler les fonctions digestives et sans fatiguer l'estomac, comme le font les opiacés pris à l'intérieur, avaient de plus sur ces derniers l'avantage d'une action plus sûre, plus prompte et plus complète. L'administration régulière des potions ou des pilules, la nuit, dans une agglomération de blessés, n'est pas une chose très-pratique : il faut pour cela un personnel nombreux, exact, ponctuel, que l'on n'a pas toujours sous la main dans une Ambulance volante; tandis que les injections convenablement dosées se font le soir, une fois pour toutes : une courte tournée du chirurgien ou d'un aide suffit à leur administration, de telle sorte qu'il y a une économie très-précieuse de temps et de personnel, en même temps que la certitude que le remède a été donné.

Nous avons donc usé largement de ce moyen, aussi efficace que commode; et tous les soirs l'un de nous distribuait ainsi les bienfaits du sommeil et de l'oubli à ces malheureux torturés par la

douleur et dominés par une profonde tristesse. Aussi appelaient-
ils de tous leurs vœux l'heure de la tournée d'injection. C'était
pour eux l'heure de la délivrance, et ils nous recommandaient
chaleureusement de ne pas la retarder. Un soldat allemand cruel-
lement mutilé, dont la physionomie rayonnait de satisfaction en
voyant arriver son tour, et auquel nous exprimions notre étonne-
ment de tant de joie, nous répondit avec une sorte d'enthousiasme : *Das ist so schön !* (Cela est si beau !) C'était beau en
effet, dans le sens le plus élevé du mot, que de pouvoir arracher
ces victimes pendant quelques heures à leurs tortures, et de les
faire jouir d'un repos qu'ils trouvaient si délicieux. Nous pouvons dire que nous avons partagé leur satisfaction, et que nous
avons trouvé des compensations à notre impuissance, d'autre part,
dans la considération de toutes ces souffrances épargnées.

Pour atteindre un but analogue, nous avons largement employé
le chloroforme tant pour nos opérations que pour les examens
douloureux que nous devions faire subir aux malades. Puisque
cet agent anesthésique a été l'objet de critiques vives et a excité
dans certains milieux des répugnances injustes, nous devons dire
que nous n'avons eu qu'à nous louer de son emploi, et qu'aucun
accident n'a été à déplorer, quoique nous en ayons fait un fréquent usage.

L'état de faiblesse et d'épuisement de nos blessés en rendait
du reste l'effet très-prompt et quelquefois même presque ins-
tantané. Dans la plupart des cas, il nous a suffi de placer devant
la bouche et le nez du patient une petite compresse imbibée de
quelques gouttes de chloroforme pour obtenir très-rapidement
une anesthésie complète. La période d'excitation était vraiment
supprimée. Cette rapidité d'impressionnabilité vis-à-vis du chloroforme nous a si souvent frappés chez nos soldats, et a été si
générale, que je n'ai pas voulu la passer sous silence.

FIÈVRE TRAUMATIQUE.— INFECTION PURULENTE.— Je ne veux
pas terminer cette relation succincte de notre rôle vis-à-vis des
complications des plaies, sans parler de l'essai que nous avons
fait du traitement de la fièvre traumatique suraiguë et de l'in-

fection purulente par la quinine à haute dose. A nos opérés et aux blessés chez lesquels la température s'élevait trop et dont le pouls acquérait trop de souffrance, nous avons, suivant les indications du professeur Binz, administré de fortes doses de quinine. Le Comité de Bâle nous avait envoyé de petits flacons renfermant chacun une solution de 2 grammes de chlorhydrate de quinine dans 30 grammes d'eau. Nous en administrions 1 ou 2 aux blessés chez lesquels nous avions à redouter l'infection purulente, et nous avons pu observer les bons effets de ce traitement. Malgré des doses aussi élevées, nous n'avons eu à constater chez aucun de ceux qui en usaient les signes d'irritation et d'intolérance de l'estomac que provoquent souvent le sulfate de quinine, de telle sorte que nous croyons devoir recommander le choix de ce sel de quinine, surtout dans les cas où de hautes doses sont indiquées.

FRACTURES.

Nous avons eu à soigner un certain nombre de fractures compliquées de plaies sans lésion articulaire. Je juge inutile d'en décrire les caractères et les symptômes, qui sont suffisamment connus. Je me borne à dire que les fractures du membre inférieur nous ont paru bien plus fréquentes que celles du membre supérieur; il faut attribuer ce rapport à la plus grande surface présentée aux projectiles par les os du membre inférieur, et peut-être aussi à la grande distance qui séparait habituellement les combattants et abaissait la portée des balles.

Les fractures du fémur constituaient une proportion très-notable des fractures du membre inférieur. Elles étaient plus nombreuses que celles de la jambe. A Bellegarde, il y en a eu deux ou trois dans nos services. A l'Isle-sur-le-Doubs, nous en avons compté six, tandis que nous n'avions que trois fractures de l'humérus. Aucune de ces fractures du fémur n'a exigé une amputation, et quand nous sommes partis, c'est-à-dire environ un mois après, nous n'avions perdu aucun de ces blessés. Je dirai seulement que, par leur suppuration interminable et généralement très-abondante, par les fusées purulentes qui viennent si souvent les compliquer, par la difficulté et la longueur des pansements qu'elles réclament, ces lésions constituent bien, comme nous le disait un chirurgien prussien, la *croix du chirurgien militaire.*

Dans le traitement des fractures, nous avons pris pour règle d'extraire le plus possible les esquilles, soit mobiles, soit adhérentes. Ces dernières, qu'il n'est pas très-difficile d'atteindre lorsque l'os est assez superficiel, deviennent inabordables si l'on ne fait de profondes et larges incisions dans les fractures de cuisse, par exemple. Aussi avons-nous, dans ces dernières, attendu l'élimination naturelle des esquilles qui ne se présentaient pas d'une manière évidente, à l'examen, comme indépendantes et nettement détachées du reste de l'os et des parties molles.

Nous avons usé, pour les fractures, de divers moyens de contention.

Nous placions dans des gouttières en fil de fer celles qui n'avaient pas besoin d'être sévèrement contenues et qui avaient peu de tendance aux déplacements. C'est ce que nous avons fait pendant les premiers jours, c'est-à-dire pendant la période aiguë, pour les fractures du tibia, de l'humérus, de l'un des os de l'avant-bras.

Les fractures de l'humérus et du fémur, qui exigeaient plus de précautions, étaient simplement contenues par des attelles et des coussins de balle d'avoine. Quand la contention demandait à être plus exacte, nous entourions préalablement le membre d'un bandage de Scultet.

Dès qu'il a été possible de placer autour des membres des bandages inamovibles qui permissent une immobilisation définitive, nous l'avons fait ; mais nous devons dire que ces bandages sont certainement *moins généralement indiqués, et d'un emploi bien plus tardif dans les fractures compliquées de plaies par armes à feu que dans les fractures simples.* Le gonflement du membre est plus considérable, plus persistant, et surtout, point très-important, plus susceptible de se reproduire. La plaie est soumise à bien des influences qui peuvent réveiller l'inflammation, soit dans son sein, soit dans les parties voisines. Un refroidissement, un obstacle à l'écoulement du pus, l'irritation produite par la marche d'une esquille, la pourriture d'hôpital, un érysipèle développé autour de la plaie, constituent, pendant une période relativement longue de la durée de ces fractures compliquées, des conditions qui, en produisant du gonflement et de la douleur, s'opposent à l'emploi des bandages durcis qui enveloppent exactement le membre.

Ces réflexions s'appliquent surtout aux fractures compliquées du fémur. La durée des accidents qui les ont accompagnées nous ont fait reculer devant l'idée de les emprisonner dans une coque solide qui les eût soustraites à l'observation, et qui, par sa compression, eût pu occasionner des accidents et de la douleur.

Pendant l'espace d'un mois que nous avons passé auprès de nos blessés, nous n'avons pu placer un bandage inamovible que dans un cas de fracture de cuisse. C'était chez un Allemand dont la fracture ne datait pourtant que de huit à dix jours, mais qui manifestait pour cette lésion une tolérance vraiment remarquable.

La fracture, qui siégeait au niveau de l'union du tiers moyen avec le tiers inférieur, avait été produite par une balle qui avait traversé la cuisse d'avant en arrière. Il ne paraissait pas y avoir d'esquilles. Il n'y avait du reste pas de gonflement, pas de douleur, sauf dans les mouvements ; pas de fièvre, un état général excellent et un moral parfait. La tolérance nous parut si complète et les accidents si peu à redouter, que nous n'hésitâmes pas à entourer le membre du bandage le plus inamovible, c'est-à-dire du bandage plâtré. Celui-ci fut très bien supporté, et le sujet put quelque temps après être évacué vers l'Allemagne.

Les bandages amovo-inamovibles paraîtraient, au premier abord, devoir obvier aux inconvénients des bandages solides et résistants. Ouverts par une fente qui occupe toute leur longueur, ils semblent permettre l'examen direct du membre et se prêter, selon le degré variable de constriction des liens, aux changements de dimensions, au gonflement ou à l'affaissement des tissus. Mais ces avantages, qui ont leur importance, sont compensés dans bien des cas par des inconvénients qui forcent à renoncer à leur emploi. Pour être réellement amovo-inamovibles, ces bandages doivent être faits avec des substances telles que l'amidon, la dextrine, la colle, qui, tout en leur donnant un degré suffisant de solidité, leur laissent assez de flexibilité et d'élasticité pour permettre aux bords de la fente et aux parois d'être écartés ou rapprochés, selon le besoin. Or ces substances, solubles dans l'eau, donnent à ces bandages l'inconvénient d'être ramollis par le pus et les liquides qui s'échappent des plaies, et il en résulte que le bandage perd toute sa solidité au niveau du point où siége la fracture et où par conséquent la contention devait être la plus exacte. Ce fâcheux résultat est d'autant plus rapidement produit qu'il a fallu pratiquer des ouvertures au bandage au niveau des plaies, et que la rigidité, la résistance du bandage, n'est maintenue que par une partie de sa circonférence. Or, dans les plaies qui suppurent beaucoup (et c'est malheureusement le cas pour les fractures comminutives et pour les fractures du fémur en particulier), on a beau prendre toutes les précautions et renouveler les pansements, on ne parvient pas à empêcher le pus de s'infiltrer entre le membre et le bandage, qui est bientôt imbibé et ramolli. Nous avons dû ainsi enlever plusieurs bandages dextrinés ou amidonnés quelques jours après les avoir placés, parce que, ramollis et déformés, ils devenaient un embarras sans être d'aucune utilité.

Le bandage au silicate de potasse, qui est moins attaquable par les liquides, se laisse pourtant ramollir et a le défaut, tant qu'il est sec, de présenter trop peu de flexibilité et trop de résistance. Enfin le bandage plâtré, qui résiste bien à l'influence des liquides, est d'une telle fixité et d'une solidité telle, qu'il ne faut songer à l'appliquer que quand tout accident inflammatoire, tout gonflement, toute menace de collection purulente ont entièrement disparu de l'horizon.

Nous avons essayé, sur les indications du docteur de Seynes, d'une modification ingénieuse du bandage plâtré, fréquemment employée par le docteur Tillaux, chirurgien en chef de la 11ᵉ Ambulance, et qui semblerait devoir réunir les avantages des bandages solides et des bandages qui, sans être déplacés, permettent l'examen du membre, la sortie du pus, et dans une certaine mesure le gonflement des tissus.

Ce bandage se compose de bandes en canevas ou en gaze grossière, bandes formées en repliant l'étoffe en long six ou huit fois sur elle-même, de manière à présenter une épaisseur suffisante. De ces bandes, les unes ont de 7 à 8 centimètres de largeur; les autres, plus étroites, ont 5 ou 6 centimètres.

Ces bandes sont fortement saupoudrées et chargées de plâtre, ce que facilite beaucoup leur texture très-poreuse.

Voici comment on applique l'appareil, pour le membre inférieur par exemple :

On prend une bande large roulée que l'on trempe dans l'eau un peu chaude. Quand elle est bien imbibée et avant que le plâtre ait fait prise, on place l'extrémité de la bande sous la fesse et on l'applique sur la face postérieure de la cuisse et de la jambe, jusqu'au talon ; puis on la ramène sur la plante du pied, on la replie un peu au-dessus de l'extrémité des orteils pour ne pas les gêner, puis sur le dos du pied, sur la face antérieure de la jambe, du genou et de la cuisse, jusqu'au pli crural. Une seconde bande partant de la crête iliaque passe sur le trochanter et la face externe de la cuisse, du genou et de la jambe, et est repliée au-dessous du pied en forme d'étrier pour venir s'appliquer sur la face interne du pied, de la jambe et de la cuisse, jusqu'au pli périnéo-fessier. On peut, au-dessous du pied, laisser une anse destinée à servir de point d'attache pour l'application d'une traction continue.

Ces bandes longitudinales appliquées, on place, avec les bandes étroites, un anneau autour de la cheville, un au-dessous et un au-dessus du genou, et enfin un dernier autour de la hanche. Ce dernier anneau est ovalaire. Il passe par le pli périnéo-fessier, et remonte, en suivant le pli crural, au-dessus de la crête iliaque, et redescend dans la région fessière jusqu'au pli périnéo-fessier. Dans ce trajet il rencontre successivement les quatre extrémités supérieures des bandes longitudinales et se fixe sur elles. Ces diverses parties, faisant prise rapidement, constituent des attelles solides et fixes qui se sont exactement moulées sur les inégalités du membre, et que rendent solidaires les anneaux qui les enveloppent au niveau des points où le membre présente un étranglement naturel. Ce bandage forme ainsi une sorte de grille rigide laissant à nu une grande partie du membre, et permettant d'une manière constante la surveillance des accidents et les pansements.

Il faut ajouter que les espaces vides sont assez larges et étendus pour qu'un léger gonflement du membre survenant après la pose de l'appareil puisse y trouver satisfaction, de telle sorte qu'il peut y avoir là, dans de certaines limites, des soupapes de sûreté contre une compression exagérée.

Malgré les avantages que présente ce mode de bandage, nous avons dû y renoncer dans quelques cas. Ainsi, pour certaines fractures de la cuisse rapprochées des extrémités du fémur, il ne présentait pas un moyen suffisant et assez exact de contention. Si l'on voulait remédier à ce défaut en augmentant la constriction et le nombre des bandes en anneaux, il en résultait un étranglement pénible, qui devenait réellement fâcheux pour peu qu'il survînt du gonflement. Néanmoins, nous nous plaisons à reconnaître que, dans certains cas où le déplacement des os n'était pas excessif et pour des fractures du tibia notamment, cet appareil, qui a l'avantage de pouvoir être placé de bonne heure, est appelé à rendre de véritables services.

Nous avons adopté, comme règle générale pour les fractures compliquées, le parti de les maintenir dans des appareils simples à attelles et à coussins, pendant tout le temps qu'il y a eu de l'inflammation et du gonflement, ce qui a été généralement assez long, et de leur appliquer ensuite, soit un bandage dextriné s'il y avait peu de suppuration et d'écoulement, soit un bandage plâtré.

Dans ces conditions, le bandage plâtré est vraiment excellent et éminemment commode pour la pratique des ambulances. Ce qu'il faut alors, ce sont des appareils dont les éléments puissent être emportés prêts d'avance, et qui n'aient besoin, pour être appliqués, que de la plus faible somme possible de préparatifs. Or il suffit, pour l'application de l'appareil plâtré, d'un peu d'eau tiède ou même froide. Ce qu'il faut encore en campagne, c'est la rapidité de consolidation des appareils, afin de pouvoir hâter les évacuations et le désencombrement. Le bandage plâtré répond à merveille à ces exigences.

Nous nous servions, pour l'application de ce bandage, d'un matériel extrêmement avantageux, qui devrait se trouver dans toutes les Ambulances françaises, et que nous avons retrouvé dans les Ambulances prussiennes : ce matériel nous avait été envoyé par le Comité de secours de Bâle. Il consistait en une grande caisse en fer-blanc fermée bien exactement par un couvercle à rebord, et renfermant, jusqu'à mi-hauteur, une couche de plâtre fin, en poudre, dans lequel étaient disposées avec ordre et enfouies des bandes de 3 ou 4 mètres de longueur. Ces bandes, en toile souple et à texture assez lâche, avaient été préalablement froissées dans le plâtre, de manière à en être fortement saupoudrées. La moitié supérieure de la boîte était remplie de couches de coton en rame, qui servait à la pose de l'appareil et qui protégeait le plâtre contre l'influence de l'air humide. Ces dispositions permettaient de conserver les bandes plâtrées exactement à l'abri de l'humidité, ce qui, on le comprend, est une condition indispensable pour la prise rapide et la consolidation du bandage. Quand nous voulions appliquer ce dernier, il nous suffisait de déposer une bande plâtrée dans un vase rempli d'eau plus ou moins chaude, et de l'y laisser un temps suffisant pour l'imbibition complète. C'était fait en une ou deux minutes. La couche de coton placée autour du membre, nous posions la bande rapidement, et en ayant soin de la couper dès qu'un godet se présentait. Nous évitions ainsi les godets et nous obtenions des bandages d'une application très-uniforme et d'une pression parfaitement égale.

Pour marquer la place où il convenait de pratiquer des fenêtres, et pour faciliter leur confection, nous placions sur les plaies un morceau creusé de pomme de terre d'un volume proportionné à l'étendue de celles-ci ; le bandage posé par dessus ces corps saillants formait une bosse qui indiquait exactement le lieu où se trouvait la plaie, et quand la consolidation commençait, il était facile de couper avec un couteau ce dôme formé par le bandage au-dessus de la plaie. Quelques heures après, le bandage était très-solide, et le blessé pouvait être expédié sans qu'on eût à craindre le déplacement des fragments osseux ou la rupture d'un cal commençant.

Les appareils plâtrés offrent les avantages d'une immobilisation rapide et parfaite, et d'une résistance à l'action des liquides qui s'échappent des plaies. Mais ils ne doivent être appliqués que très-tard, et par conséquent ne peuvent convenir aux fractures récentes qu'il est nécessaire de contenir pour permettre le transport du blessé sans douleur excessive et sans danger. Les appareils qui ont été appliqués à cette première période des fractures sont nombreux, et consistent en gouttières de fil de fer, de fer-blanc, attelles de bois, de carton, de paille, etc., etc.

Tous ces moyens sont bons, mais ils exigent un matériel plus ou moins compliqué, et ne peuvent se passer de coussinets, sous peine d'être d'une application douloureuse. Il faut aussi les adapter à la longueur du membre, à son épaisseur, au siége de la fracture, ce qui n'est pas toujours facile, et ce qui exige quelques soins et une perte de temps. Ces appareils ont encore l'inconvénient d'exiger l'emploi de linges, de coton, etc., que le sang salit et durcit. Ce sont là de sérieux désavantages pour la chirurgie proprement dite des champs de bataille, qui doit être simple, rapide, et autant que possible indifférente au contact du sang.

Il y a un mode de contention temporaire des fractures qui m'a paru d'une très-grande simplicité, et dont l'usage devrait devenir très-général dans la chirurgie d'armée. J'en dois la connaissance à un chirurgien d'état-major prussien. Il consiste en faisceaux composés de huit ou dix tiges de longue paille réunis de distance en distance par un lien circulaire de fort fil. Ces faisceaux sont placés à coté les uns des autres, de manière à constituer une natte assez large pour entourer le membre, dont l'axe a la même direction que ceux des faisceaux de paille. On place le membre fracturé sur ce lit de paille, dont on ramène les faisceaux latéraux sur les côtés et sur la face supérieure du membre.

Il suffit ensuite de placer de distance en distance des liens circulaires formés par de la chevilière large, ou des morceaux de bande. On a ainsi l'avantage d'avoir un moyen de contention qui unit la souplesse et l'élasticité à un degré suffisant de solidité. Cet appareil est très-rapidement placé, et on en modifie la construction à volonté. Il offre encore cet avantage précieux de ne pas être mouillé par le sang et les liquides qui passent à travers les pailles, et d'être susceptible d'être lavé et nettoyé par de simples aspersions d'eau tiède et sans qu'il soit nécessaire de le dénouer et déplacer.

Les Ambulances militaires se trouveraient certainement bien sur le champ de bataille d'être pourvues largement de ces faisceaux de paille tout préparés. On pourrait même disposer d'avance ces faisceaux en nattes dont les éléments seraient réunis par des fils entrecroisés, et dont on ferait ainsi de longs rouleaux, dont les chirurgiens sépareraient au fur et à mesure des fragments proportionnés au diamètre du membre fracturé. Ces appareils pèseraient peu et s'adapteraient admirablement à toutes les fractures. Je crois donc qu'on doit les recommander comme devant faire partie du matériel d'ambulance de notre chirurgie militaire.

CONGÉLATIONS.

C'est par centaines que nous avons observé les cas de congélation. La retraite de l'armée de la Loire et son séjour à Argent et autour de Bourges en avaient fourni déjà quelques cas. Mais la campagne de l'Est, depuis son début, c'est-à-dire le départ de Bourges, jusqu'à l'entrée de l'armée en Suisse, a constamment présenté des séries considérables de cas de congélation. Les causes en étaient multiples. La température s'était abaissée jusqu'à 15°, 18°, 20°, et même une nuit 22° au-dessous de zéro. Le cantonnement des troupes, trop longtemps retardé, se faisait mal et d'une manière incomplète. Les soldats étaient mal nourris et exposés à une température très-basse. Dans le but de résister au froid et de remplacer les vivres qui leur faisaient défaut, aussi bien malheureusement que pour satisfaire à des habitudes déplorables et très-répandues, ils se livraient aux boissons alcooliques. Harrassés et indisciplinés, ils ne suivaient point les marches de leurs corps, se soustrayaient aux manœuvres et aux fatigues, et gardaient une inaction qui diminuait leur résistance aux effets du froid. Au lieu de rechercher dans le mouvement et l'activité la chaleur qui leur était nécessaire, ils préféraient allumer des feux de bivouac devant lesquels ils réchauffaient trop rapidement les parties qui étaient atteintes de congélation. Ou bien, errants et découragés, ils se réfugiaient dans les villages et dans les fermes, et se pressaient sans transition autour des foyers trop ardents. Mais il faut certainement signaler comme la cause par excellence de la plupart des cas de congélation, l'état piteux et misérable de l'équipement de nos soldats, et surtout de leurs chaussures. Le séjour dans la neige, les pieds presque nus, était bien propre à multiplier les cas de congélation des pieds et des orteils ; et la preuve que cette influence a été très-considérable, c'est que presque tous les cas de congélations locales que nous avons vus (et ils étaient nombreux) concernaient l'extrémité du membre inférieur, et particulièrement les orteils et le talon. Le gros orteil en particulier était le plus fréquemment atteint. Tous les degrés de congélation étaient représentés, depuis la simple engelure avec phlyctène séro-purulente ou sanguinolente jusqu'à la mortification de la peau, des tendons et des os.

Nous n'avons pas gardé longtemps dans l'Ambulance ces malades chez lesquels les accidents étaient déclarés et les altérations consommées. Chez tous ou presque tous, il n'y avait plus qu'à attendre une élimination naturelle des eschares. Nos locaux devaient être réservés à ceux qui ne pouvaient supporter un voyage, et qui avaient besoin de soins urgents et compliqués. Nous nous sommes bornés à entourer les parties congelées d'une couche de ouate maintenue par une bande, et nous les avons dirigés vers Clerval ou Baume-les-Dames.

Après avoir observé tant de congélations des pieds chez nos soldats, nous nous attendions à ce que l'armée prussienne en eût compté un nombre équivalent. Notre premier soin fut de nous informer auprès des chirurgiens prussiens, qui ne nous étonnèrent pas peu en nous disant qu'ils n'avaient pas vu un seul cas de congélation parmi leurs hommes. Je crois me rappeler que les chirurgiens prussiens de Montbéliard, que je vis quelques jours après ceux qui s'étaient établis à l'Isle-sur-le-Doubs, nous dirent en avoir rencontré un ou deux. Il y avait là un contraste vraiment très-remarquable entre deux armées qui se trouvaient en présence, et par conséquent exposées aux mêmes influences climatériques. Nous en cherchâmes les raisons; nous les trouvâmes sans doute jusqu'à un certain point dans l'habitude : les soldats allemands étant faits depuis leur enfance à des climats plus rigoureux que la plupart des nôtres. Mais nous pûmes nous convaincre que leur immunité, en fait de congélation, tenait plus encore à des causes d'un autre genre.

Les soldats allemands étaient bien nourris, maintenus constamment en mouvement par des travaux et des marches auxquelles leur discipline sévère ne leur permettait pas de se soustraire. Leur cantonnement dans les maisons se faisait régulièrement et de la manière la plus complète, et surtout ils étaient chaudement habillés, pourvus de ceintures, de plastrons, de gilets de flanelle, de caleçons, etc. Enfin, et c'est là que le contraste était le plus marqué, ils étaient solidement et chaudement chaussés. La chaussure de l'armée française est certainement très-défectueuse, et convient plutôt à la promenade par un beau soleil et sur une route bien unie qu'aux longues marches forcées dans des chemins défoncés, à travers champs, dans les bois, sur les rochers, dans la boue, dans la neige, sur la glace, etc., etc. Ces petits souliers recouvrant à peine le pied, pourvus d'un talon dérisoire, garnis de clous sans solidité et sans fixité, étaient acculés et percés après quelques jours de marche dans l'humidité ou sur les terrains pierreux; les guêtres en toile, destinées à les fixer aux pieds, étaient bientôt déchirées et usées, et l'on voyait constamment des colonnes de retardataires traînant leurs chaussures, et le plus souvent blessés par elles.

Au lieu de ce simulacre de chaussure, les soldats prussiens étaient tous pourvus de chaussettes (ce qui était très-exceptionnel dans notre armée); mais ils avaient de plus d'excellentes demi-bottes à semelle épaisse, garnies de bons clous, à talon large et fort, à la face inférieure duquel était fixé un petit fer-à-cheval en acier qui rendait ce talon inusable et contribuait considérablement à la sûreté de la marche sur la neige, sur la glace, sur les terrains glissants ou pierreux. La tige de ces bottes s'élevait jusqu'au tiers moyen de la jambe seulement, et était assez large pour recevoir et protéger l'extrémité inférieure du pantalon pendant les marches dans la boue, dans la neige, par un temps de pluie. Le pantalon pouvait, dans d'autres conditions, être placé au dehors et retomber sur la botte. Grâce à cette chaussure excellente, solide, qui servait de défense contre l'humidité et le froid, l'armée allemande s'était soustraite au tribut des congélations, et exécutait ses grandes marches sans laisser après elle des foules de traînards qui encombraient les routes où l'armée française avait passé. Parmi ces traînards, un grand nombre sans doute devaient leur retard à des motifs peu nobles et peu avouables; mais un très-grand nombre aussi (et je le dis pour l'avoir vu) n'avaient pu suivre, ou parce que leurs chaussures usées refusaient le service, ou parce que ces dernières avaient causé aux pieds des ampoules, des excoriations, des blessures extrêmement douloureuses et qui rendaient les marches insupportables.

Ces questions-là ont une telle importance, qu'il est bon de les signaler, afin qu'à l'avenir de pareils faits ne puissent se renouveler. Il convient pour cela de réformer entièrement la chaussure de nos fantassins, de remplacer le petit soulier par la demi-botte, et de ne plus compter sur ces guêtres de toile, véritable objet de parade, dont pas une n'a résisté, pendant la campagne, à quelques jours de marche dans la boue.

OPÉRATIONS CHIRURGICALES.

Un certain nombre d'opérations chirurgicales ont été faites dans l'Ambulance. J'ai déjà dit que le défaut de temps, que les évacuations prématurées ordonnées par l'Intendance, que la période tardive à laquelle nous parvenaient quelquefois les blessés, nous ont empêchés d'en faire davantage.

Je dois ajouter à ces raisons le désir de faire de la chirurgie conservatrice. Quand on aborde pour la première fois la chirurgie militaire, on recule devant bien des sacrifices que l'on voudrait épargner aux blessés. On se trouve en présence d'un certain nombre de cas qui pourraient trouver une solution heureuse avec des soins intelligents, prolongés, minutieux, et pour lesquels, dans la pratique civile, dans la pratique ordinaire, on ne songerait à une opération qu'après avoir tenté sans succès tous les moyens propres à permettre la conservation du membre atteint. On sait pourtant que les blessés militaires soignés dans les Ambulances improvisées se trouvent dans des conditions qui ne diffèrent que trop de celles qui entourent les malades ou blessés civils. Conditions de milieu, de local, d'aération, de pansements, de médicaments, d'alimentation, de temps, de circonstances morales, etc, etc., tout diffère, et au grand préjudice des blessés militaires.

Malgré ces notions, et quoique à chaque instant les faits aient pris soin de nous avertir que nous ne pouvions pas offrir aux blessés les conditions favorables dont ils jouissent pendant la paix, nous avons été naturellement portés à faire au début de notre campagne des essais de conservation que nous n'aurions pas faits plus tard ; et nous devons confesser ici que, si nous avions à recommencer une pareille campagne, nous hésiterions moins à amputer et nous hésiterions davantage à conserver.

Il est en effet des plaies qui se présentent dès l'abord avec des désordres si localisés et si circonscrits, que l'on considérerait comme téméraire et irréfléchie une décision immédiate d'opération ; et pourtant on voit au bout de peu de jours les accidents acquérir une gravité effrayante, les complications se développer avec rapidité, menacer la vie du blessé, et, qui plus est, diminuer fortement les chances d'une opération tardive.

Parmi ces blessures, je place surtout les plaies pénétrantes de l'articulation du genou, dont nous avons observé un nombre relativement considérable de cas.

Parmi eux, ceux qui présentaient des désordres locaux étendus et qui étaient arrivés à temps furent immédiatement amputés ; les autres formaient deux catégories. Il y en avait dont la lésion datait de quelques jours quand ils furent apportés dans notre Ambulance.

On ne les avait pas opérés avant que la cuisse ne fût devenue le siège de phénomènes inflammatoires aigus qui nous firent renvoyer à plus tard l'opération.

D'autres avaient une plaie du genou, qui au début paraissait devoir suivre une marche relativement heureuse. Les orifices d'entrée et de sortie étaient peu étendus, la douleur et le gonflement modérés, la fièvre peu considérable, et nous pouvions espérer un bon résultat de l'expectation. Mais nos prévisions ne se réalisèrent pas. Quelques jours après, les phénomènes inflammatoires se déclarèrent et acquirent très-rapidement une grande acuité. Il y eut une suppuration abondante, en même temps que des abcès péri-articulaires et des fusées purulentes remontant jusqu'à la partie moyenne de la cuisse. Ceux qui purent être amputés le furent alors, quand la période d'acuité extrême fut passée et que l'inflammation du membre se fut limitée. Les autres succombèrent après d'atroces douleurs, et à la suite de suppurations très-abondantes.

Nous restons donc convaincus que les plaies pénétrantes par armes à feu de l'articulation du genou réclament l'amputation. C'est une règle générale qui a des exceptions si rares, qu'il serait dangereux de compter sur elles. Le résultat de notre courte expérience, qui a porté sur douze cas, est du reste pleinement d'accord à cet égard avec l'opinion de chirurgiens militaires dont l'autorité n'est pas contestable : « Quant aux articulations de la hanche et du genou, dit M. Legouest [1], les observations dans lesquelles on a tenté la conservation du membre à la suite de coups de feu ne sont qu'un long nécrologe où l'on rencontre par hasard quelques exemples de guérison, plus propres à faire ressortir les dangers que les avantages de la conduite qui a été suivie. »

Voici le relevé des opérations pratiquées pendant la campagne de l'Ambulance :

---

[1] *Traité de chirurgie d'armée*, 1863 pag. 635.

Amputations de la cuisse.

Dr Leenhardt.............	2	à l'Isle-sur-le-Doubs.
Dr Sabatier..............	3	—
Dr Leezeman (chirurgien prussien)	1	—

Total...... 6

Amputations de la jambe.

Dr Ménecier : sus-malléolaire......	1	à Bellegarde.
Dr Sabatier : *id.*	1	—
— au lieu d'élection....	3	à l'Isle-sur-le-Doubs.
— sus-malléolaire.....	1	—
Dr Leenhardt : *id.*	3	—

Total.... 9

Amputations du bras.

Dr Ménecier.................. 1 à Bellegarde.

Amputations des doigts.

Nombreuses.

Résections.

Dr Sabatier : du quart supérieur de l'humérus.	1	à l'Isle-s.-le-D.
— du tiers supérieur du cubitus...	1	—
— du deuxième métacarpien	1	à Bellegarde.

Trachéotomie.

Dr Sabatier.................... 1 à Bellegarde.

Extractions de balles ou projectiles.

Nombreuses.

Nos amputés de Bellegarde allaient bien, et on pouvait espérer leur guérison quand nous les avons quittés. Nous n'avons plus eu de leurs nouvelles.

Quant aux amputés de l'Isle-sur-le-Doubs, nous pouvons dire que nous n'avons pas perdu un seul des amputés de la jambe.

La résection du cubitus a parfaitement guéri, et une lettre de lui nous l'a confirmé il y a peu de jours.

Pour nos amputés de la cuisse, les deux premiers, c'est-à-dire ceux que nous avons opérés avant la déclaration des symptômes inflammatoires, nous ont présenté une gangrène du moignon accompagnée, pour l'un, de résorption purulente qui a entraîné sa mort; le second a guéri avec une conicité du moignon très-prononcée. Cette complication de gangrène ne nous a pas surpris, car elle était très-fréquente dans les autres Ambulances, et les Prussiens nous ont dit l'avoir également observée chez les soldats français qu'ils avaient opérés. L'état d'épuisement des troupes françaises était l'explication naturelle de ces gangrènes. Un autre amputé mourut d'un abcès méningien; j'en ai déjà parlé. Parmi les trois autres, deux ont guéri, et nous ignorons quel a été le sort de l'amputé du Dr Leezeman.

Il a été remarquable que les amputés qui n'ont été opérés qu'après qu'un séjour de huit ou dix jours dans l'Ambulance leur avait permis de refaire leurs forces, en participant à un régime relativement tonique, ne nous ont pas présenté de gangrène et ont bien mieux supporté l'opération. Tous nos amputés de la cuisse l'ont été, sauf un, pour des plaies avec fracture comminutive du fémur ou du tibia, et ouverture de l'articulation du genou.

A part ces six amputés de la cuisse dont l'opération avait été faite dans l'Ambulance, nous en avons soigné trois autres qui sont arrivés après avoir été opérés : deux sont morts. Un a guéri après une amputation due en grande partie à un obus. Aucun cas de blessure du bras et de l'avant-bras ne nous a paru demander une amputation. Nous nous sommes bornés à des résections, ou, quand les os n'étaient pas fortement atteints, à des pansements et à la pose d'appareils contenteurs. Nous avons pourtant soigné un amputé du bras droit qui a guéri.

Les amputations de doigt, et particulièrement des deux dernières phalanges de l'indicateur et de l'annulaire droits, ont été extrêmement fréquentes pendant la campagne de l'Est. Tous les chirurgiens en ont fait l'observation, et pour nous, nous étions on

ne peut plus étonnés, les premiers jours, de l'affinité extraordinaire des balles prussiennes pour les doigts de nos combattants.
Il nous fut facile de nous assurer que nos soldats fatigués, découragés, las de la lutte, se faisaient eux-mêmes sauter le doigt
en le plaçant à l'extrémité du canon de leur fusil. La forme en
cul de poule des restes de l'orifice d'entrée, la position de cet orifice à la face palmaire du doigt, l'absence de toute autre blessure, et surtout le dépôt noir sur le doigt et l'odeur très-carac-
téristique de la poudre, ne nous permirent pas de douter que la
grande majorité de ces blessés ne fussent les vrais auteurs de leur
blessures, et n'y eussent cherché un prétexte pour s'éloigner du
combat et obtenir le droit d'entrer dans une Ambulance.

Il me reste à parler de la partie médicale de nos observations.
Je la restreindrai aux proportions les plus exiguës. Ce n'est
certes pas que la pathologie médicale de nos armées n'ait présenté un champ fécond en observations. Mais le côté chirurgical
de l'œuvre se présente et s'impose aux médecins avec une bruta-
lité si absolue, que les malheureux fiévreux sont singulièrement
négligés et ne reçoivent que des soins très-insuffisants. Il y
aurait quelque chose à faire pour leur assurer dans l'avenir une
part moins réduite dans les secours des Ambulances militaires.
Nous avons vu beaucoup de fiévreux, mais la plupart n'ont
point séjourné auprès de nous et ont suivi les convois d'évacuation. Nous n'avons gardé que les plus gravement atteints. Parmi
ces derniers nous comprenons les varioleux, qui pullulaient dans
l'armée de l'Est, tandis qu'ils étaient extrêmement rares dans
l'armée allemande, où les revaccinations se font avec un très-
grand soin et une très-grande régularité. Nous nous sommes
fait un devoir de retenir tous les varioleux des convois de blessés
qui passaient à l'Isle, tant dans leur intérêt que pour préserver
de la contagion le reste de l'armée française. Nous avons ainsi
reçu dans des locaux réservés et isolés plus de 50 varioleux, et
nous n'avons eu à déplorer parmi eux que 10 morts. Ce chiffre
est bien faible, quand on songe que tous ces malades avaient,
pendant la période d'incubation, et beaucoup d'entre eux pendant

aussi la période d'éruption, avaient, dis-je, subi de nuit et de jour des températures de 15 à 20 degrés de froid. Nous les placions tous dans une vaste salle d'école bien chauffée par un grand poêle de faïence, et nous leur administrions des boissons chaudes et du bouillon.

Avec les varioles, et plus nombreuses encore, se trouvaient les bronchites aiguës, accompagnées de fièvre, et extrêmement tenaces. Les Prussiens, qui en comptaient beaucoup aussi parmi les leurs, lui avaient donné le nom de *Mal de Bourbaki*, parce qu'ils la devaient à la campagne entreprise par ce général.

Nous avons observé aussi des entérites et quelques dysenteries ; mais leur nombre ne nous a pas paru extraordinaire.

Les fièvres typhoïdes, rares pendant la période d'activité de la campagne, se sont surtout déclarées en Suisse, dans la période de repos qui suivit la retraite.

Des pneumonies, des pleurésies avec ou sans épanchement, se sont naturellement produites pendant les froids si rigoureux que nous eûmes à supporter.

Tel est le tableau succinct des principales maladies internes qu'il nous a été donné d'observer pendant la campagne de l'Est. C'est par lui que je termine ce compte-rendu, auquel j'aurais vivement désiré donner plus de précision. Mais, ainsi que je l'ai déjà dit, les documents écrits m'ont manqué, et j'ai dû me borner à consigner ici ce qu'il y avait de fidèle dans mes souvenirs.